크리에이티브 사고를
방해하는 것들

크리에이티브
사고를 방해하는

것들

세토 카즈노부 지음
김나정 옮김

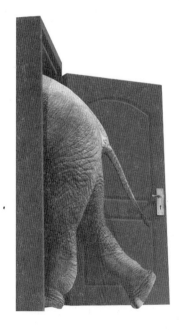

홍익출판 미디어그룹

크리에이티브 사고란 무엇인가?

이 책은 일본의 경제 뉴스 미디어 〈NewsPicks〉에 연재했던 〈크
리에이티브 생각의 방해 16리스트〉를 바탕으로 엮은 책입니
다. 연재를 시작할 당시에는 크리에이티브 사고라는 개념이 분
명히 머릿속에 있는데도 명확히 문자로 표현하지는 못하는 상
태였습니다.

그러다 연재 내용을 구상하고 글을 써내려가면서 조금씩 목
표가 보이기 시작했습니다. 그 과정에서 나를 포함한 많은 사
람들이 크리에이티브 사고라는 말의 진짜 의미를 완전히 이해
하지 못하고 있다는 사실을 깨달았습니다.

대부분의 사람들은 크리에이티브 사고를 예술가가 작품을 만드는 과정에서 아이디어를 낼 때 쓰는 표현법이나 광고업계에서 어떤 상품의 광고를 제작할 때 새로운 언어 표현을 통해 소비자의 눈과 귀를 사로잡는 것처럼 상당히 좁은 의미로 받아들이고 있었습니다.

이 책에서 말하는 크리에이티브 사고란 학술적이며 전문적인 능력도 아니고 예술가가 작품을 만들 때 사용하는 능력도 아니며 한 분야의 연구자가 수년간의 시간을 들여가며 어떤 주제에 몰두할 때 쓰는 능력도 아닙니다.

이 책은 일상 업무 현장에서 좀 더 성과를 내고 싶다고 생각하는 경영자는 물론이고 영업, 인사, 기획, 개발, 총무, 경리 등 모든 직종에 종사하는 사람들이 자신의 업무 영역에서 뭔가 새로운 것을 생각할 때 도움을 주려는 책입니다.

예술과 광고, 건축과 같이 크리에이티브라는 말을 들었을 때 떠오르는 직종에 종사하는 사람은 물론이고 연구자, 기술자와 같은 이공계 직종에 계신 분들에게도 도움이 되는 내용으로 구성되어 있습니다.

문제를 정의(발견)하여 그 주위를 뱅글뱅글 돌면서 해결을 위한 아이디어를 생각하고, 고안한 내용을 실행에 옮기고 피드백을 받고 또다시 생각합니다. 이렇게 생각을 펼쳐나가는 과정이 바로 크리에이티브 사고입니다. 나중에 이 과정을 돌이켜보면, 대부분 관계가 없는 여러 사건들을 통해 직조한 힌트를 이용하여 가치를 재정의했다는 사실을 발견하게 됩니다.

"그래도 나는 크리에이티브 사고 능력이 별로 없는데……"
라고 말하는 사람이 있습니다. 하지만 이 책을 읽고 나면 그런 변명은 통하지 않습니다. 모든 사람은 생각하는 힘, 즉 크리에이티브 사고를 가지고 태어나기 때문입니다.

크리에이티브 사고의 개인차는 22%에 불과하다는 사실을 밝혀낸 연구 결과가 말해주듯이, 인간의 타고난 재능인 크리에이티브 사고는 근육처럼 단련이 가능해서 노력을 통해 한층 더 강화할 수 있습니다. 여기서 주목할 점은, 크리에이티브 사고란 유전적인 요소로 결정되는 게 아니라 본인의 노력에 따라 얼마든지 향상 및 발전될 수 있는 힘이라는 사실입니다.

크리에이티브 사고가 밥 먹여주나요?
나는 이전까지 일본 마이크로소프트에서 근무하며 '서피스

Surface'라는 2in1 노트북과 일본 에이서Acer에서 '넷북Netbook'
이라는 새로운 분야의 제품을 일본 시장에 소개하는 일을 해왔
습니다.

그리고 지금은 핏비트Fitbit 재팬에서 '웨어러블'이라는 새로
운 시장을 개척하고 성장시키는 일을 하고 있습니다. 이런 일
을 하며 주변에서 크리에이티브적으로 사고하는 사람들을 무
척 많이 봐왔고, 나 또한 그들과의 경쟁에서 지지 않기 위해 노
력해 왔습니다.

하지만 나도 처음부터 자유롭게 크리에이티브적으로 생각
하고 행동할 수 있었던 것은 아닙니다. 크리에이티브는 커녕
남의 생각만 습관처럼 따라 하다가 번번이 실패한 적도 있었
고, 스스로 이러한 능력이 없다고 느껴져 낙담한 적도 많습니
다. 나는 이 방면에 특별한 사람이 아니었습니다.

크리에이티브적으로 사고하는 사람과 그렇지 않은 사람의
차이는 무엇일까요? 그것은 어떤 시점에서 전혀 다른 시각으
로 바라볼 수 있느냐, 아니냐의 차이에 있다고 생각합니다.

사실 우리 사회는 이전의 사고방식이나 습관에 사로잡혀 현
재의 방식이나 환경에 만족하며 살아가는 사람이 너무도 많습

니다. 그러나 그러한 삶의 결과가 무엇인지 우리는 경험으로 잘 알고 있습니다.

그럼에도 이렇게 현실에 만족하며 새로운 삶의 방식을 추구하지 않는 이유는 무엇일까요? 왜 과거에 발이 묶인 채 근근이 살아가는 걸까요?

나는 몇 년 전 일이 바쁘다는 핑계로 '생각하는 습관'이 거의 사라졌음을 느꼈습니다. 그렇다는 것은 고정관념이나 편견에 사로잡혀서 남들이 하는 것처럼 살아간다는 뜻입니다. 그러면 당연히 자신이 하는 일이 재미가 없고, 사는 것조차 재미가 없어지는 상황에 봉착하게 됩니다.

20년에 걸친 직장생활을 때려치우고 5년 전에 스타트업 창업에 뛰어들었던 분은 한 언론과의 인터뷰에서 이런 말을 했습니다.

"일이 재미있으니까 이런저런 생각을 하게 돼요. 이런저런 생각을 하니까 일도 즐겁습니다. 덕분에 나는 재미있는 일만 한답니다."

하는 일이 재미있고 생각하는 게 재미있다는 말은 자기만의 세계를 구축해 놓고 사람답게 살고 있다는 의미일 것입니다. 남들이 하는 대로 해서는 당연히 재미가 없습니다. 남들이 하는 대로 하면 실패하지 않을지는 모르지만, 그런 삶은 시계추처럼 그냥 의미 없는 반복만 계속할 뿐입니다.

이 책에서는 '크리에이티브 사고란 무엇인가?', '왜 지금 필요한가?'에 대해 지겨울 만큼 논하고자 합니다.

〈NewsPicks〉에서 연재할 당시에도 '그래서, 결국 크리에이티브 사고란 뭔가요?', '왜 필요한가요?', '크리에이티브 사고가 밥 먹여주나요?'라는 질문을 무척 많이 받았습니다. 그래서 이에 대해 답변을 하는 것이 이 책의 사명이기도 합니다.

만약 지금 크리에이티브 사고를 제대로 하고 있지 않다면, 방해 요소가 무엇인지 찾아보는 것이 좋을 것입니다.

크리에이티브 사고를 방해하는 것들

크리에이티브 사고를 방해하는 것은 대부분 과거의 경험과 습관, 기존의 규칙과 법칙에 사로잡혀 있는 고착화된 생각들입니다. 그렇다는 것은, 크리에이티브 사고를 개발하기 전에 우선 없애야 할 요소들이 있다는 이야기입니다.

이 책의 목적은 크리에이티브 사고를 방해하는 부정적 요소를 제거하여 새로운 일을 생각해 내는 힘을 되찾는 것입니다.

이러한 힘은 모든 사람이 가지고 있으며 업무 현장, 생활 속에서 이용해야만 하는 것입니다.

크리에이티브 사고는 자신의 능력을 살리고, 새로운 것을 배우고자 하는 의욕을 자극하고, 일과 생활의 질을 높이는 근원입니다. 이를 하지 않는다는 것은 '나는 새로운 것을 전혀 생각하지 않아요'라고 말하는 것과 같습니다.

아직 30대 후반을 살고 있는 내가 세상의 이치를 모두 이해했다고 말할 수는 없습니다. 하지만 한 가지만은 확실합니다. 우리가 살아가는 이 세상은 끊임없이 변화하고 있고, 변화의 속도 또한 점점 빨라지고 있습니다.

기업이 흔들리고 경영진은 해고되고 업무는 자동화되어 언제 어떤 일이 벌어질지 모르는 상황 속에서 우리는 매일 높은 성과를 요구받습니다. 이때 필요한 것이 바로 새로운 것을 생각하는 일입니다.

'바꾸어야 하는데……' 하고 생각하면서도 번번이 바뀔 기회를 놓치고 있는 독자 여러분에게 이 책이 지금까지와는 전혀 다른 방법을 시도해 보는 용기를 주는 책이 되었으면 합니다.

나는 언제나
이상하고 불완전한 것들에서 아름다움을 찾았다.
그것들이 훨씬 흥미롭기 때문이다.

마크 제이콥스 *Marc Jacobs*

차
례

3장
유능한 크리에이터가 되기 위한 15가지

**DONE
IS
BETTER
THAN
PERFECT**

1 장

크리에이티브 사고란
무엇인가?

크리에이티브 사고는
생각하는 힘이다

누구나 크리에이티브 사고가 필요하다

"크리에이티브 사고라는 말을 들으면 어떤 사람이나 직업이 제
일 먼저 떠오르나요?"

이렇게 질문하면 흔히 스티브 잡스나 빌 게이츠, 알베르트 아
인슈타인 같은 인물과 함께 미켈란젤로 같은 위대한 예술가나
광고업계에서 발군의 실력을 인정받은 인물을 떠올리는 사람
들이 대부분입니다.

오래 전에는 크리에이티브 사고를 극소수의 천재들만이 가
지고 있는 능력으로 여겼습니다. 이 말도 일리가 아주 없는 것

은 아닙니다. 생산을 뜻하는 라틴어 'Creare'에서 파생된 'Creative'는 인간이 가지고 있는 특별한 능력을 뜻하며 크리에이티브 사고를 할 수 있는 사람은 '천재 Genius'로 분류되었습니다.

하지만 이 책에서 말하는 크리에이티브 사고는 극소수의 천재만이 가진 신비로운 능력도, 특별한 분야에서 일하는 사람들에게만 필요한 능력도 아닙니다. 크리에이티브 사고라는 말을 들었을 때 특정 인물이나 직종만을 떠올리는 것은 낡아빠진 생각일 수 있다는 얘기입니다.

크리에이티브 사고란 일상생활이나 업무 현장, 다양한 활동 속에서 새로운 뭔가를 생각해 내기 위한 힘(스킬)입니다. 또한 명확한 목표를 가지고 자신의 능력을 살려 끝까지 해냈을 때의 성취감을 맛보기 위한 힘이기도 합니다.

이 힘을 자유자재로 사용할 수 있게 되면 날마다 새로운 아이디어를 받아들일 여유가 생깁니다. 또 끊임없이 새로운 일을 터득하게 되어 업무의 질도 높일 수 있게 됩니다. 과연 이런 일이 특별한 어떤 사람들에게만 국한된 특권일까요?

《몰입의 즐거움 Finding Flow》이라는 책으로 유명한 미국의 심리학자 미하이 칙센트미하이 Mihaly Csikszentmihalyi 박사는 다음과 같이 이야기합니다.

"크리에이티브 사고란 일부의 사람만이 독점하는 사치품이 아니라 모두가 필요로 하는 것이다."

그런가 하면 피라미드로 표현되는 '욕구 5단계설'로 유명한 미국의 심리학자 에이브러햄 매슬로Abraham Maslow는 이렇게 말했습니다.

"크리에이티브 사고에 관심이 있는 사람은 누구인가? 이 질문에 대한 나의 대답은 '거의 모든 사람'이다. 크리에이티브 사고에 대한 관심은 더 이상 심리학자나 정신과 의사에게 국한된 이야기가 아니다. 그것은 이미 국내외 정책을 세우는 일에 주요 현안이 되어 있다."

다시 말해서 크리에이티브 사고란 특별한 것이 아니라는 이야기입니다. 또한 이를 위해 뭔가를 습득해야 하는 것도 아닙니다. 특별히 시간을 따로 마련하여 책을 읽고 연구를 해야 얻을 수 있는 것도 아닙니다. 크리에이티브 사고는 누구나 태어날 때부터 가지고 있는 힘이며, 모든 직종에 무기가 되는 원천이기 때문입니다.

그럼 이쯤에서 크리에이티브적으로 사고하는 방법 중 한 가지를 소개하겠습니다. 생각하는 과정에서 전혀 관계없는 여러 분야(사물, 사건)를 하나로 연결 지어 가치의 정의를 다시 내려보는 것입니다.

미국의 디자인 컨설팅기업 아이디오IDEO는 세계 최고의 디자인 회사로 유명합니다. 아이디오 도쿄지사 대표인 노노무라 겐이치는 크리에이티브 사고를 이렇게 정의합니다.

"어렵게 느껴질 것 같아서 굳이 정의를 내리고 싶지는 않지만, 요즘의 관점에서 말하면 전혀 다른 상자 안에 있는 점과 점을 잇는 것이라고 할 수 있습니다."

그는 아이디오가 진행한 컨설팅 중에서 병원 구급 구명 센터 시스템을 개선했던 것을 예로 들었습니다. 당시 구급 구명 현장은 촌각을 다투는 상황이라는 특수성 때문에 개선이 필요했습니다.

이때 아이디오와 구급 구명 센터 팀은 의료와는 전혀 관련이 없어 보이는 미국의 스톡 자동차 경주 대회인 '나스카NASCAR'의 차량정비소에서 힌트를 얻어 해결책을 도출해 냈습니다.

자동차 경주 중에 정비를 위한 시간은 기껏해야 2초에서 15초 남짓인데, 그곳에는 정비사마다 각자의 역할이 정해져 있습니다. 또한 모든 정비사가 도구에 결함이 생길 경우를 대비하며 모든 도구를 구비해 놓고 시간과의 싸움을 벌이고 있습니다.

이런 환경은 자칫 잘못하면 선수를 위험에 빠뜨릴 수도 있기 때문에 정비사의 행동 습관과 정서적인 면은 구급 구명 센터의 현장 직원과 공통점이 있다는 사실을 발견했습니다.

또한 선수 입장에서는 정비 과정을 눈으로 직접 확인할 수 없으면 불안해지기 쉽습니다. 그래서 불안감을 해소하기 위해 선수에게 대화를 건네는 역할도 따로 만들었습니다. 이 같은 상황이 구급 구명 현장에서 이루어지는 의료진들의 조처와 환자와의 관계와 상당히 흡사하다고 생각한 것입니다.

이렇게 자동차 경주에서 힌트를 얻어 정비소에서 일하는 사람들의 행동 방식을 구급 구명 센터에 반영한 결과, 의료 현장과 환자의 불만을 해소하는 데 큰 성공을 거두게 되었습니다.

'다른 사물, 다른 사건과의 조합'을 통해 태어난 제품도 있습니다. 인터넷과 통신, 인공지능이라는 서로 다른 분야에서 얻은 힌트를 연결해 아이폰이 탄생했습니다. 닌텐도 위Wii와 만보계를 조합해 웨어러블 피트니스 밴드 핏비트도 탄생했습니다.

어린이 방송에서는 더욱 대담한 조합을 찾아볼 수 있습니다.

그림 1 크리에이티브 사고란?

문제
(작은 의문)

가치의 재정의
(혁신에 의한 문제해결)

크리에이티브 사고
(생각하는 힘)

NHK 교육 텔레비전에서 방영되는 4~6세 아동을 대상으로 한 '피타고라스 위치'는 생각하는 힘을 기르는 일본의 과학 실험 프로그램입니다.

이 프로그램에는 다양한 동물들을 서로 조합하여 완전히 새로운 동물을 만들어 보는 코너가 있습니다. 예를 들면 하마와 쥐, 고양이와 코끼리, 고릴라와 팬더를 조합하여 두 종류 이상의 동물이 합쳐졌을 때의 특징을 그림과 글자, 나아가 말로 설명해 보는 코너입니다. 이렇게 하여 평소에는 생각하지 못했던 발상이 떠오르게끔 하는 것이 목적입니다.

여기서 주의해야 할 점은 서로 다른 분야에서 힌트를 얻어 만들어진 제품이나 서비스가 '이 제품 정말 크리에이티브하다!'

하고 칭찬을 받을지 아닐지를 논하는 게 아니라는 것입니다.

완성된 제품은 어디까지나 결과입니다. 이 책에서 말하고자 하는 크리에이티브 사고란 결과로 이어지기까지의 단계적 사고방식을 뜻한다는 점을 기억하기 바랍니다(그림 1 참조).

스티브 잡스의 무한 성장을 위한 과정

2007년에 애플이 아이폰을 발표했을 때, 스티브 잡스는 이런 말을 했습니다.

"전화기의 최고봉은 스마트폰이라고 불리고 있습니다. 이름처럼 스마트하지만 사용하기가 까다롭다는 것도 사실입니다. 모든 스마트폰에 필요성이 의심되는 키보드가 달려 있기 때문입니다. 그렇다면 어떻게 해결할까요? 우리는 20년 전에 컴퓨터로 해결했습니다. 뭐든지 띄울 수 있는 화면을 이용했던 것입니다. 그렇다면 스마트폰의 버튼을 모조리 없애고 큰 화면만 남겨두면 어떨까요? 그렇지만 마우스를 들고 다니기는 싫지 않을까요? 그럼 터치펜을 써볼까요? 아닙니다, 그것도 안 됩니다. 가지고 다녀야 하거나 어딘가에 놔둔 사이에 없어져 버릴지도 모르니까요. 그렇다면 손가락을 사용하면 되는 겁니다."

예술에 최종 목표가 없듯이 비즈니스에도 최종 목표는 존재하지 않습니다. 크리에이티브 사고란 이렇게 무한히 성장하기 위해 생각하는 힘입니다.

스티브 잡스는 비즈니스를 무한히 성장시키기 위한 과정 속에서 '스마트폰이 사용하기 어려운 건 쓸모없는 키보드가 달려 있기 때문이 아닐까?' 하는 의문을 통해 문제를 발견했습니다. 그리고 이 문제를 해결하기 위해 커다란 화면을 사용한다는 해결책에 도달했습니다. 또한 커다란 화면을 사용하면서 생긴 새로운 문제에 대해서는 마우스가 아닌 손을 사용한다는 해결책도 도출해 냈습니다.

때로는 크리에이티브 사고가 아이폰처럼 세상을 놀라게 할 만한 특별한 제품을 만들어 낼지도 모릅니다. 하지만 그 과정 자체는 그 무엇도 특별할 것이 없습니다. 계속해서 이야기했듯, 크리에이티브 사고는 전 세계적으로 히트하는 상품을 만들어 내는 몇 안 되는 사람들의 향유물이 아니라 누구나 갖고 있는 능력이기 때문입니다.

예를 들어 뭔가 새로운 방식으로 매출을 올리거나 지금까지 발생하지 않았던 문제를 해결하기 위한 서비스를 고안하는 일도 좋습니다. 물론 이보다 훨씬 사소한 일도 좋습니다. 어떤 일이든 사소한 의문을 가지고 '왜 그렇지?'라고 생각하며 문제를 찾아내고 그 문제를 해결하기 위해 생각하는 것, 그 과정이 크리에이티브 사고입니다.

고급 침구 브랜드로 유명한 이와타IWATA의 대표이사 이와타 유우시岩田有史 씨의 사례를 들어보겠습니다. 이와타 사장은 쾌적한 침구를 제공하기 위해 이불과 관련된 문제들을 단계적으로 해결해 왔습니다.

이불의 소재가 되는 깃털은 동물에게서 채취합니다. 이렇게 채취한 깃털을 망 안에 넣어 씻고 섞는데, 이 과정에서 정전기가 발생하여 깃털에 붙어 있는 동물의 배설물과 피부 조각이 완전히 제거되지 않는다는 문제가 있었습니다.

따라서 최소한이라고 할지라도 배설물과 피부 조각이 일부 포함된 채 제품으로 만들어지곤 했던 것입니다. 기존의 침구업계에서는 이런 현상을 '어쩔 수 없는 일'로 받아들이기도 했습니다.

그러나 이와타 사장은 현실에 만족하지 않고 '왜 안 되지?'라는 의문을 품었습니다. 그는 고객 입장에서 이런 현상을 아주 큰 문제라고 인식했습니다.

이 문제가 해결되지 않으면 집 안에서 이불을 세탁하기 어려우며, 악취의 원인을 제공하게 됩니다. 또한 보푸라기가 생기기 쉬워 이불의 숨도 금방 죽고 맙니다. 이 때문에 숙면하지 못하게 되면 수면의 질에 악영향을 끼친다는 2차적 문제까지 발생하고 맙니다.

고심하던 이와타 사장은 공기청정기가 이온 계열의 물질을 방출하여 공기 중의 먼지를 정전기를 이용해 흡차한다는 사실에서 아이디어를 얻었습니다. 이불과는 전혀 상관없어 보이는 공기청정기의 시스템을 깃털을 섞는 과정에 응용하여 정전기를 완화해 보기로 한 것입니다.

이와타는 이를 통해 불순물을 흡착하고, 배설물과 피부 조각도 완전히 제거하는 데 성공했습니다. 이 또한 이불이라는 산업을 무한히 성장시키기 위해 크리에이티브 사고를 발휘한 사례라고 할 수 있겠습니다.

오롯이 생각만 하는 시간

이렇게 새로운 발상이 떠오르는 과정을 잘 살펴보면 모두 '왜?'라는 작은 의문에서 시작한다는 사실을 알게 됩니다. 자기 나름대로 문제를 정의(발견)하고, 문제해결을 위해 고심하고, 이를 실행에 옮기고, 피드백을 받아 다시 고민해 보는 과정에서 사용되는 것이 바로 크리에이티브 사고입니다.

'그러니까 크리에이티브 사고라는 건 생각만 하면 된다는 거야?'라는 의문을 가질지도 모르지만, 사실 생각만 하는 일도 꽤나 어렵습니다. 우리의 하루 일과를 한 번 되돌아봅시다. 오늘 여러분은 몇 시간 동안 어떤 생각을 했나요?

눈코 뜰 새 없이 바쁜 와중에 누구에게도 방해받지 않고 오롯이 생각만 하는 시간을 갖는 일은 불가능에 가깝습니다. 그렇다고 다른 일을 하면서 생각에 집중하는 일 또한 쉽지 않습니다. 그러니 사람들은 점점 생각하는 일을 포기하고 마는 것입니다.

만약 전 세계에서 가장 바쁜 인물 순위가 있다면 분명히 상위권에 오를 마이크로소프트 창업자 빌 게이츠는 정기적으로 오롯이 생각만 하는 시간을 갖는다고 알려져 있습니다.

세계적인 대기업의 리더들은 자기만의 생각에 잠길 시간을 갖기 위해 혼자 사막으로 배낭여행을 떠나는 일도 있고, 빌딩 숲 사이에 있는 원룸 빌딩에 작은 방 하나를 구해놓고 업무를 끝낸 뒤 명상에 혼자 잠기는 사람도 있습니다.

대만에 본사를 둔 에이서Acer의 일본 법인에서 일하던 때, 나는 대만에 대해 알기 위해 전 대만 총통 리덩후이李登輝의 전기를 읽었습니다. 그는 자기 삶에 가장 영향을 끼친 책으로 영국의 사상가 토머스 칼라일Thomas Carlyle의 《의상철학Sartor Resartus》을 꼽으며, 그 책 속의 한 구절을 소개했습니다.

"꿀벌은 암흑 속이 아니면 일하려고 하지 않는다. 사상은 침묵 속이 아니면 움직이려고 하지 않는다."

이 문장은 일에 쫓겨 크리에이티브를 잃어가던 나를 일깨워주는 말이었습니다. 그때 나는 혼자만의 침묵에 잠겨 오롯이 생각만 하는 시간을 소중히 하자는 다짐을 했습니다.

우선 만들어야 하는 것

지금까지의 내용을 한번 정리해 보겠습니다. 크리에이티브 사고란 새로운 뭔가를 생각해 내는 힘입니다. 앞서 설명했듯이 생각하는 과정에서 언뜻 관계가 없어 보이는 여러 분야를 이어 가치를 재정의하는 방법이 그것입니다.

또 크리에이티브 사고는 누구나 가지고 있는 힘이라고 했습니다. 이를 완벽하게 구사하기 위해서는 특정 분야에 대한 지식과 경험이 필요합니다. 서로 연결할 재료를 가지고 있지 않으면 생각을 이어 붙여 새로운 사건, 사물을 추출해 낼 수 없기 때문입니다. 이것은 크리에이티브 사고를 활용하고자 하는 영역과 관련된 나름의 학습과 경험이 필요하다는 이야기입니다.

그럼 얼마나 학습하고 경험해야 할까요? 나는 최고 수준이 되려면 적어도 10년은 걸린다는 '10년의 법칙'을 믿습니다. 이것이 바로 어느 분야에서든 큰 성공을 이루기 위해서는 10,000시간의 노력이 필요하다는 원칙으로, 하루에 3시간씩 10년이면 10,000시간이 되는데 이 기간 동안 한 가지 일에 몰두하면 그 분야에서 최고가 된다는 것입니다.

나는 적어도 10년 이상은 해당 분야에서 실제로 경험을 쌓으면서 기존의 지식에 의문을 품고, 모순을 찾아내는 것이 성공하는 사람이 취해야 할 바른 태도라고 생각합니다.

그렇다고 해서 크리에이티브 사고를 하기 위해 반드시 10년이라는 시간이 필요하다는 이야기는 아닙니다. 오랜 시간에 걸쳐 단련하는 것만큼 좋은 일은 없지만, 지금은 많은 정보를 인터넷을 통해 얻을 수 있습니다. 따라서 소셜 네트워크를 통해 다양한 직급, 다양한 분야의 사람들과 소통하기가 쉬워졌습니다.

따라서 한 가지 일을 3년 정도만 하면 자기가 잘하는 일과 나름의 방법론이 조금씩 보이기 시작합니다. 이것이 바로 '나로 말할 것 같으면!'이라고 할 만한 부분입니다.

나는 이것을 자기만의 '틀 frame'이라고 부릅니다. 크리에이티브 사고를 위해서는 자신의 틀이 무엇인지 알고 있어야 합니다. 틀은 곧 자신이 생각하는 잣대가 되기 때문입니다. 그것은 또한 생각을 더 크게 확장하거나 전환하는 아이디어가 되기도 합니다.

명함 대신 나를 소개할 수 있는 기술 또한 다른 사람과 비교했을 때 반드시 1등이어야 한다는 것은 아닙니다. 사람들은 흔히 남들보다 잘하는 것을 강점, 못하는 것을 약점이라고 생각하지만 각자가 목표로 하는 바가 다르기에 비교는 무의미합니다.

중요한 것은 내가 어떤 일에 계속 몰두해 왔는가 하는 것입니다. '어떤 분야의 지식과 경험을 쌓았는가, 그것을 앞으로 어떻게 해나갈 작정인가'라는 물음에 답할 수 있으면 됩니다.

나는 사회인이 된 지 어느덧 17년이 지났습니다. 회사를 다섯 번씩 옮기면서 쌓은 기술이 있는데, 그것은 테크놀로지 업계에서 새로운 사업을 시작할 때는 나에게 마케팅을 맡기면 된다고 생각하게 하는 기술입니다.

나에게 새로운 분야를 믿고 맡길 수 있게끔 하기 위해 여러 업무를 경험하면서 몇 가지 틀을 만들었습니다. 이것은 사업을 시작하기 위한 마케팅이라는 나만의 틀을 갖고 있다는 이야기입니다.

나는 현재 일본의 핏비트라는 회사에서 웨어러블 시장을 개척하여 성장을 도모하는 일에 몰두하고 있습니다. 참고로 웨어러블이란 일상생활에서 사용되는 시계, 안경, 옷, 헬멧 등에 접목되어 사용자에게 언제 어디서나 컴퓨팅 환경을 제공하는 것으로 웨어러블 컴퓨터, 웨어러블 디바이스라고도 부르며 노트북과 스마트폰과는 달리 신체에 착용할 수 있는 컴퓨터를 가리킵니다.

일본 마이크로소프트에서 일할 당시에는 '서피스surface'라는 이름의 태블릿 또는 노트북으로도 사용 가능한 2in1 분야의 시장을 개척했습니다. 그곳에서 나는 노트북과 태블릿은 물론이고 그 외의 테크놀로지 분야에 대한 마케팅의 틀을 배웠고 이를 적용했습니다.

그리고 일본 오라클Oracle에서는 분석 소프트용 소프트웨어를 서버와 일체화한 '엑사리틱스Exalytics'라는 비즈니스 분석 분야의 새로운 시장을 개척했습니다. 이곳에서는 대기업이 IT에 고액을 투자하도록 만드는 마케팅의 틀을 습득했습니다.

또한 일본 에이서로 이직해서는 '넷북'이라 불리는 소형 노트북 분야 시장도 개척했습니다. 이때는 급속히 성장하면서 동시에 변화를 거듭하는 시장에 적극 대응하는 마케팅의 틀을 배웠습니다.

그리고 내가 직접 사업을 시작했을 때는 '클로즈드 소셜 네트워크closed social network'라는 시장을 창출해 냈습니다. 여기서는 사업을 시작하고, 회사를 만들고, 의기투합할 수 있는 동료를 찾기 위한 스타트업 마케팅의 틀을 배웠습니다.

지금까지 거쳐온 모든 회사에서 나는 일본에는 존재하지 않았던 새로운 분야에 도전하고, 새로운 시장을 창출해 내는 일을 했습니다.

고학력자나 이미 높은 실적을 낸 경험이 있는 사람들은 실패를 두려워한 나머지 새로운 분야에 도전하는 일을 꺼리는 경향이 있습니다. 그뿐만 아니라 '그런 건 안 되지' 하며 아예 무시하기까지 합니다. 그 누구도 하지 않았던 일이기에 더 큰 성공이 있고, 그로 인한 보람이 있는 일인데도 말입니다.

명함 대신 나를 소개하는 비주얼

지금까지 이야기한 자기만의 틀과는 조금 다르지만, 기억에 남을 만한 특징적인 외양을 만들어 두는 것도 좋습니다. 나는 빡빡머리인데, 벌써 10년 넘게 이런 헤어스타일을 고집하고 있습니다. 계기가 된 것은 어느 회식자리에서 미국인이 건넨 농담이었습니다.

"솔직히 동양인들의 얼굴은 다 똑같아 보여서……."

이 말을 진지하게 받아들인 나는 기억에 남는 인상을 위해 머리를 빡빡 미는 게 좋겠다고 생각했고, 곧바로 실천에 옮겼습니다. 성형을 하지 않는 이상 얼굴을 바꾸는 건 어려우니 한 번 봤을 때 잊어버리지 않을 개성적인 스타일로 바꿔보는 것도 나쁘지 않다고 생각했던 것입니다.

빌 게이츠가 프레젠테이션 능력을 극찬했던 일본 마이크로소프트 테크놀로지 센터장 사와 마도카さわまどか 씨는 가슴까지 내려오는 볼륨감 있는 헤어스타일을 고수하는 사람입니다. 그는 일본은 물론이고 미국에서도 치렁치렁한 머리를 드러내며 비즈니스 현장을 누비는 것으로 유명합니다.

마이크로소프트에서 일할 당시에, 한 콘퍼런스에서 강의를 했었습니다. 강연 중에 긴 머리의 사와 마도카 씨와 빡빡머리의 나를 비교하는 이야기를 꺼낸 적이 있습니다.

그런데 강연 주제와는 전혀 상관없는 내용임에도 우리 두 사람의 헤어스타일을 다룬 인터넷 기사가 실린 적이 있습니다. 마케팅의 세계에서는 외양적 특징이 상품보다 강한 인상을 남길 때가 있다는 글로, 사람들 사이에 큰 화제가 되었다고 합니다.

한 사람을 두 번 이상 만났을 때, 내 이름이 세토 카즈노부라는 사실은 잊어버려도 빡빡머리였다는 사실만은 기억하고 있는 경우가 많습니다. '빡빡머리'라는 기억에 '세토 카즈노부'라는 정보가 나중에 연결되는 것입니다.

별것 아닌 이야기 같지만 다른 사람이 나를 기억하도록 만드는 것은 비즈니스의 기본입니다. 왜 이 이야기를 꺼냈는가 하면, 틀도 그렇지만 명함 대신 나를 소개할 수 있는 요소를 의식적으로 만드는 일이 얼마나 중요한지 전하고 싶어서입니다.

다시 틀 이야기로 돌아가 보겠습니다. 특정 분야의 지식과 경험이 쌓일수록 모르는 것을 부끄럽게 여기는 경향이 생깁니다. 하지만 이래서는 안 됩니다.

예를 들어 '마케팅 지식이 풍부하다'는 평가를 받을수록 '마케팅에 관한 모든 걸 알아야 돼'라는 압박감이 생기기 시작합니다. 다른 사람들이 나를 마케팅 전문가라고 생각하는 것은 굉장히 기쁜 일이지만, 여기에 너무 연연하면 자칫 '척척박사병'이라는 무시무시한 병에 걸리고 맙니다.

충분한 지식이 있다고 자부하는 분야에 대해서는 모른다고 인정하는 것이 무서워서 '더 알려고 하는 자세'를 억누를 때가 있습니다. 그러면 당연히 성장할 수가 없습니다.

바로 이때 척척박사병은 기다렸다는 듯이 머릿속을 지배하여 꼼짝 못하게 합니다. 그러면 어디를 가든지 아는 체를 하고, '아무 말 대잔치'를 벌이게 됩니다.

척척박사병은 비교적 고학력자에게 많이 보이는데, 이것이 심해지면 나중에는 정말 모르는 문제가 생겨도 어물쩍 넘어가게 되고, 더 시간이 흐르면 그 문제에 대해서는 영원히 모르게 됩니다.

아무리 권위자라 해도 모든 문제에 해박할 수는 없습니다. 모르는 것을 모른다고 솔직히 말하면 상대방은 자세한 내용을 설명해 주고, 이것은 결국 나의 지식이 되어 편협한 사고에서 빠져나올 수 있게 됩니다. 상대방과 솔직하게 대화를 나누면 크리에이티브 사고를 할 수 있는 바탕이 만들어진다는 사실을 잊지 말기 바랍니다.

배움의 본질, 수파리(守破離)

크리에이티브 사고는 자연스럽게 생기는 것이라고 믿는 사람이 많습니다. 물론 태어날 때부터 지니고 있기는 하지만, 업무 현장에서 효율적으로 이용하고 사고의 범위를 크게 확대시키기 위해서는 지식과 경험이 필요합니다.

지식도 경험도 없이 크리에이티브 사고를 하는 것은 마치 내용물이 없는 도구함과 같은 상태입니다. 지식과 경험이 없으면 어떻게 될까요? 그러면 모르는 것이 너무 많아 타인의 생각대로 휘둘리기 쉽습니다. 구체적으로는 잘 모르지만 표면적으로만 대충 아는 사람들이 이런 부류에 속합니다. 이런 사람은 100년이 흘러도 전문가 소리를 듣지는 못할 것입니다.

전문가가 되고, 항상 생각하는 사람이 되기 위해서는 역시 기본에 대한 방대한 지식이 필요합니다. 처음에는 기본을 배우는 일이 답답하고 지루하게 느껴질지도 모르겠습니다.

하지만 무슨 일을 하든 기본이 없다면 응용도, 발전도 없습니다. 이것은 기본적인 틀과 이어집니다. 기본을 습득해야만 자신이 가진 틀에서 벗어나 더 깊고 넓은 생각을 통해 새로운 가치를 창출할 수 있습니다.

나는 마케팅의 기본을 익히고 지식을 쌓아나가는 동안, 그러한 경험이 지금보다 더 새로운 분야로 나아가는 데 힘이 되어 주었습니다. 지금은 나름의 세계를 구축하고 있다고 자부하는 몸이 되었음에도 언제나 기본이 중요하다는 사실을 깨닫곤 합니다.

누구나 상식을 깨는 기발한 마케팅 기술을 원합니다. 큰 성공을 이룰 야무진 아이디어를 원하기도 합니다. 그러기 위해서는 반드시 마케팅의 기본을 숙지하고 있어야 합니다. 마케팅의 기본 구조를 이해해야 크리에이티브 사고를 할 수 있는 공간이 만들어지기 때문입니다.

그런 점에서 '수파리 守破離'는 크리에이티브 사고를 가장 잘 표현하는 말입니다. 수파리는 일본의 무도武道, 다도茶道, 꽃꽂이 등 전통 예능에서 쓰여왔던 말로, 사제 관계와 배움에 대해 이야기할 때 곧잘 이용되는 표현입니다.

여기서 '수守'는 되도록 많은 사람의 이야기를 듣고 정해진 기본 틀을 지키며 이를 반복하여 기본을 습득하는 단계를 뜻합니다. '파破'는 습득한 기본을 가지고 자기 나름의 방식으로 점차 기본을 파괴하고 발전하는 단계를 가리킵니다. '리離'는 기본 틀에서 벗어나 자신만의 개성을 발휘하는 단계입니다.

나는 '수파리'가 배움의 본질이라고 생각합니다. 처음에는 스승을 흉내 내고, 스승의 방법을 조금씩 자신의 것으로 만들어 나갑니다. 이 과정이 처음에는 지루하게 느껴지지만 자신을 버리고 타인의 방식을 받아들이는 연습이기에 아주 중요한 시기입니다.

이 과정에서 처음부터 자기다움을 만들려고 하면 안 되며 만들어 봤자 아무런 의미가 없습니다. 크리에이티브 사고는 정보의 흡수와 응용을 통해 이루어지기 때문에 스승이라고 생각될 만한 많은 사람을 흉내 내는 일은 기본 중의 기본입니다.

실제로 '흉내'는 인간의 본능이라고 합니다. 부모를 보고 배우며 아이들이 자라나듯 흉내는 너무도 자연스러운 재창조 행위라고 할 수 있습니다.

일본인은 '수守'의 능력이 뛰어나다고 합니다. 학교에서는 선생님의 말씀을 잘 듣도록, 그리고 회사에 들어가서는 상사가 하는 말을 잘 듣도록 철저히 교육받기 때문입니다.

그러나 문제는 그 다음부터입니다. 일본인들이 뛰어난 능력인 '수'에 '파破'와 '리離'가 균형을 이루고 있어 크리에이티브 사고를 더 잘 이용할 수 있는 자질을 갖추고 있음에도 실제 현장에서는 외국인보다 못한 것 같아 아쉬울 따름입니다.

좋아서 일하는 사람

크리에이티브적으로 사고하는 사람은 누구를 말하는 걸까요? 이런 사람들은 대부분 자기 일을 진심으로 좋아하는 경향이 많습니다.

이 말은 처음부터 좋아하는 일에 종사하는 사람이라는 의미가 아니라 설령 좋아하지 않는 일이라도 그 안에서 흥미 있는 일을 찾거나 스스로 재미를 만들어 낼 수 있는 사람이라는 의미입니다. 이런 사람들은 자기 일이 좋아서 열중하고 있는 사람이라 자신이 크리에이티브적으로 사고하는지도 일일이 의식하지 않습니다.

업무차 멜버른과 샌프란시스코에 갔을 때, 나는 카페에 앉아 출근하는 사람들의 발을 관찰한 적이 있습니다. 그저 시간이나 때우기 위해 그런 행동을 한 것은 아닙니다. 핏비트의 웨어러블 기기를 일본 시장에 소개하기 위해 운동에 관한 인식이 국민에 따라 어떻게 다른지 패션을 통해 고찰한 것입니다.

어떤 사람은 컬러풀한 러닝화에 검은 슈트를 입었습니다. 또 어떤 사람은 검은 러닝화에 검은 요가 레깅스를 입고 빨간 코트를 걸쳤습니다. 그런데 멜버른과 샌프란시스코에서 공통적인 점은 '나는 운동하는 사람이야!'하고 패션을 통해 당당히 어필하는 모습이었습니다.

일본에서도 도쿄 역에서 똑같이 관찰해 보았습니다. 대부분 검은 슈트에 검은 구두 차림으로, 운동과 일을 할 때의 복장을 철저히 나누거나 오히려 운동하기에 편한 복장을 숨기려는 경향까지 보였습니다.

서로 다른 두 가지 풍습을 쉽게 비교하기 위해 사진을 찍어 기록하기 시작했습니다. 처음에는 기록을 위해 사람들의 발을 기계적으로 찍어대기만 했는데, 점점 촬영 자체가 즐거워지고 호기심도 느끼게 되었습니다.

이 이야기를 듣고 '그거야말로 크리에이티브한 관점이다!'라고 말하는 사람들이 생각보다 많았습니다. 당연히 나 자신은 '지금 크리에이티브적으로 사고하고 있다'고 생각하며 촬영하지는 않았지만, 결과적으로는 그런 효과를 낸 것입니다.

일에 쫓기기만 하는 게 아니라 일 자체에 호기심을 가지고 의욕적으로 움직이고 즐거워하면 크리에이티브 사고를 할 가능성이 커진다는 사실을 이때도 절감했습니다.

당신은 자신의 일을 좋아해서 하는 사람입니까? 아침에 출근할 때 오늘은 무슨 일이 일어날까 기대에 차서 힘차게 발걸음을 옮기는 사람입니까? 자신이 하는 일이 진심으로 재미있습니까? 크고 작은 실패에 기죽지 않고 다시 일어나 앞을 보고 달리는 사람입니까?

크리에이티브 사고란 바로 이런 사람들의 소유물로 자신의 일에 재미없어 하고, 손톱만한 실패에도 쉽게 무릎을 꿇는 사람한테는 상관이 없는 이야기입니다. 당신은 어떤 사람이 되고 싶습니까?

많은 경우에 사람들은
원하는 것을 보여주기 전까지는
자신이 무엇을 원하는지도 모른다.

스티브 잡스 *Steve Jobs*

WHAT
GOES
AROUND
COMES
AROUND

2 장

지금 전 세계가
주목하는 이유

성공하는 사람들의
진짜 힘은 따로 있다

비행기 추락 사고의 원인

나의 경험인데, 아무리 생산적인 내용이라도 매일 아침 6시부터 밤 8시까지 회의에 회의만 계속하다 보면 일이 끝난 후 뭔가를 생각할 기분이 들지 않습니다. 몸과 마음이 모두 지쳐 심신이 피폐해지는 느낌이 들기 때문입니다.

그러면 본질적 문제를 자발적으로 발견하려는 마음이 들 리가 없습니다. '왜 그렇지?'라는 질문을 스스로 해볼 여유조차 없어지기 때문입니다.

그러다 보면 결국 새로운 일을 만들어 내기 위한 의욕을 잃고, 그럭저럭 살면서 현실에 안주하게 됩니다. '너무 바빠서 주체적으로는 움직이지 못하겠고 일단 하라는 대로 해보자……'는 수동적인 자세가 뿌리내리면 그 조직이 낭떠러지로 향하는 것은 시간문제입니다.

1972년 미국 항공사인 이스턴 항공 401편이 마이애미 국제공항 근처에 있는 국립공원에 추락해서 100명 이상의 사망자를 낸 사고가 있었습니다.

사고 직후 긴급한 조사를 통해 추락의 직접적 원인이 되는 비행기 결함은 없었다는 사실을 알아냈습니다. 그런데 조종사가 자신의 잘못을 솔직히 고백하면서 상황이 한눈에 들어오게 되었습니다. 조종사가 추락 당시 앞바퀴가 내려갈 때 켜지는 녹색 램프가 점등되지 않았다는 사실을 고백했기 때문입니다. 그는 이렇게 말했습니다.

"처음엔 바퀴가 문제인 줄 알았지만, 단순히 녹색 램프의 전구가 나갔다는 사실을 알게 되었습니다."

이때 조종사는 자동 비행 모드로 공항 근처를 선회하면서 전구를 교체하려고 했습니다.

그런데 문제는 조종사가 전구 교체에만 신경을 쓴 나머지 자신도 모르는 사이에 조종간을 건드렸고, 그 바람에 자동 비행 모드가 해제되면서 비행기는 그대로 추락하고 말았던 것입니다.

다시 말해서, 추락 사고의 원인은 비행기 결함이 아닌 조종사의 실수에 있었습니다. 눈앞의 작은 문제에 몰두한 나머지 100명의 목숨을 앗아가는 결과가 초래된 것입니다.

나의 경우, 엄청난 실수를 범한 적은 별로 없지만 큰 그림을 보지 못하고 작은 실수에만 집착하는 바람에 기대 밖의 실패를 자초한 경우가 있습니다. 그런 일이 자꾸 반복되면 자기 앞에 놓인 과제를 해결하느라 급급하기 때문에 크리에이티브 사고가 자취를 감추게 됩니다.

인터넷 없이 일주일 살아보기

어느 날 문득 크고 작은 일상의 장벽에서 벗어나 인생의 주도권을 되찾기 위해 일주일간 인터넷 없이 생활해 보기로 했습니다. 테크놀로지 분야에서 일하는 내가 일주일이나 인터넷과 동떨어진 생활을 한다는 것은 꽤 용기가 필요한 일이었습니다.

하지만 효과는 상상 이상이었습니다. 테크놀로지는 세상과 끊임없이 연결된다는 매력을 가지고 있지만, 때로는 바로 그 점이 부담이 되는 게 사실입니다. 몇 분 사이에도 끝없이 밀려

드는 방대한 양의 메일들, 끊임없이 울려대는 전화, 나도 모르게 눈이 가는 SNS……

네트워크로 연결되어 있으면 48시간 동안 어딘가에서 누군가가 일을 하고 있을 가능성이 크기에 연락을 끊기란 참으로 어렵습니다. 또 다른 사람은 알고 있는데 나만 모르는 정보가 있을지도 모른다는 공포감과 초조함에 쫓기기 마련입니다.

이렇게 연결되고자 하는 습성은 인간의 기본적인 욕구의 하나가 분명하지만 나는 이쯤에서 연결을 끊고 나의 본연의 삶을 되찾아야 한다는 생각이 들었습니다. 그러려면 당연히 인터넷에서 멀리 떨어진 곳으로 가야 했습니다.

그래서 어느 해 여름휴가를 이용해서 일주일간 가족과 함께 캐나다의 슈피리어호에서 캠핑을 했습니다. 그곳은 전기도 없고, 불도 없어서 순전히 원시에 가까운 시간을 보내야 했습니다. 이러한 시도를 통해 얻은 것들은 수도 없이 많지만 그중 네 가지를 소개해 보겠습니다.

무엇보다 먼저 나 자신에게 솔직해질 수 있었습니다. 본래의 자연스러운 나로 되돌아간 것입니다. 인터넷을 통해 항상 타인의 동향과 정보를 파악하면서 남에게 나를 맞추는 생활을 하고 있었다는 점을 깨달았습니다.

　두 번째로는 가족에 충실하지 못했다는 사실을 깨달았습니
다. 인터넷에 연결되어 있으면 멀리 있는 누군가에게 지금 나
의 상황을 알리고 싶고, 또한 알려야만 한다는 충동이 생깁니
다. 반면에 눈앞에 있는 가족에 대해서는 항상 같이 있다는 이
유로 소홀해지게 됩니다.

　그때 나는 멀리 있는 사람들과 연결되는 대신 가족과 충실
한 시간을 보냈습니다. 그랬더니 지금껏 보지 못했던 가족들의
다양한 모습들이 눈에 들어왔고, 가족과 대화하는 진짜 행복을
맛보게 되었습니다.

　세 번째로는 내가 너무도 참을성 없이 살아왔다는 점을 깨
닫게 되었습니다. 엘리베이터 문이 너무 느리게 열리고 닫힌다
고 생각할 정도로 급하게 서두르며 살고 있었습니다.

　생각하는 데 시간을 할애하는 건 시간낭비라고 여길 정도로
가슴이 아니라 습관으로만 일해온 것을 알게 되었습니다. 인터
넷을 통해 다른 사람들로부터 강한 자극을 계속 받다보니 나
도 뭔가 해야만 한다는 강박에 쫓겨서 시계추처럼 습관을 반
복하고 있었던 것입니다.

마지막으로 아이디어를 정리하거나 미래에 대해 생각할 수 있게 되었습니다. 인터넷에 계속 연결되어 있을 때는 시간이 1분 1초 단위로 쪼개져 한 가지 일에 집중할 수 없었고, 따라서 생산성도 올릴 수 없었습니다. 애초부터 집중할 수 없는 환경이었던 것입니다.

나는 그때의 경험을 살려서 한 일간지에 〈7일간 인터넷 없이 생활하며 내가 얻은 것들〉이라는 글을 연재했습니다. 독자들은 내 경험으로부터 영감을 받아 과감히 전자기기 사제가 없는 오지나 무인도로 들어가 며칠 동안 지내다 왔다는 공감의 글을 많이 보내왔습니다. 이 기회에 독자 여러분에게도 인생의 주도권과 크리에이티브 사고 능력을 되찾기 위해 인터넷 없이 생활해 보는 것을 권하고 싶습니다.

나이를 먹을수록 소실되는 크리에이티브

1990년 이후 인간의 지능지수 평균치는 세계적으로 점점 올라가고 있지만, 크리에이티브 사고 능력은 현저히 낮아지고 있다는 연구 결과가 있습니다.

세상 속의 정보는 넘쳐나고 기술이 진보하고 복잡하게 얽힌 상황 속에서 새로운 시스템을 만들어가다 보니 자연히 지능지

수는 올라가지만, 반대로 크리에이티브적인 사고 능력은 소실되어 가고 있다는 것입니다.

미국의 과학자 조지 랜드George Land는 3세에서 5세까지의 어린이 1,600명을 대상으로 미국항공우주국NASA에서 개발한 크리에이티브 사고 평가 능력 테스트를 실시했습니다. 이 테스트는 문학, 그림 등을 사용한 질문에 답변하는 순서로 진행됐는데, 98%의 어린이가 매우 높은 능력을 가지고 있는 것으로 나타났습니다.

그로부터 5년 후 아이들이 8세에서 10세가 되었을 때 같은 테스트를 다시 진행해 보았는데, 결과는 30%까지 떨어졌습니다. 또 5년이 지나 같은 테스트를 반복 시행했더니 12세에서 15세가 된 아이들의 결과는 12%까지 떨어졌습니다. 이 조사에 따르면 크리에이티브 사고는 나이가 많아질수록 저하되는 능력이라고 설명할 수 있습니다

이 책에서 전하고자·하는 메시지는 그리 어려운 내용이 아닙니다. 다만 평범하게 살아가기만 해도 나이가 들면서 크리에이티브 사고 능력이 점점 떨어지게 된다는 사실을 꼭 알아두었으면 합니다.

조지 랜드 박사의 연구에 따르면, 규칙이나 규제 등에 의해 점점 생각하지 않게 되는 것이 크리에이티브 사고의 저하 요인으로 꼽힌다고 합니다. 따라서 우리는 거스를 수 없는 능력 저하를 더욱 악화시키는 행위, 다시 말해서 일상의 자극 속에서 점점 생각하는 것을 그만두고 크리에이티브 사고를 잊어버리는 일만은 피해야 합니다.

성공한 자만이 가질 수 있는 힘

테크놀로지는 사람들이 그것 자체에 묶여서 살 수밖에 없는 시대적 환경을 만들어 냈습니다. 어느 분야에서 일을 하든 '내가 하는 일은 테크놀로지와 상관없어'라고 말할 수 없는 시대가 도래한 것입니다.

정도의 차이는 있겠지만 테크놀로지를 이용하여 개인이 의견을 피력하거나 다양한 서비스를 실제로 체험해 볼 수 있는 기회가 늘어나면서 크리에이티브 사고 또한 더욱 주목받게 되었습니다.

우리는 블로그를 이용하여 손쉽게 자신의 생각을 표출할 수 있고, 업무상의 문제를 화상회의를 통해 비대면으로 진행할 수 있으며, 회의를 통해 얻은 생각을 영상으로 찍어 유튜브에 올릴 수도 있습니다.

이처럼 주위 사람들에게 뭔가를 발신하는 일이 굉장히 용이해진 오늘날, 돈이 없어서 사업을 시작할 수가 없다는 식의 변명은 통하지 않게 되었습니다.

그래서 다양한 분야의 지식과 경험이 테크놀로지에 의해 유통되고 손쉽게 교류할 수 있는 기회도 늘어났습니다. 앞에서 소개한 아이디오 팀이 병원 구급 구명 센터의 문제를 전혀 관련 없어 보이는 자동차 경주 대회에서 힌트를 얻어 해결책을 도출했듯이 나 또한 의료, 제조, 금융, 건강 등의 다양한 정보를 접하면서 불현듯 아이디어를 떠올리는 일이 많아졌습니다.

언뜻 전혀 관련이 없어 보이는 여러 분야를 하나로 합쳐 가치를 재정의하는 일, 다시 말해서 크리에이티브적으로 사고하는 일이 테크놀로지 덕분에 한결 더 수월해진 오늘입니다. 따라서 최대한 발품을 팔고, 아이디어를 내고, 그렇게 만들어진 상품을 되도록 빨리 시장에서 시험해 보는 것이 경쟁력을 강화하는 열쇠가 되었습니다.

지금까지 영업직과 기술직(엔지니어)은 두 개의 다른 업종으로 취급되곤 했습니다. 그러나 모바일 등의 기술이 진보함에 따라 영업직이라도 어느 정도 기술적 지식을 갖추고 있어야 하는 시대가 되었습니다.

예를 들어 사물인터넷IoT 기술을 활용한 서비스를 소개할 때는 적어도 칩이나 센서 같은 디바이스(전자부품)에 대한 지식을 가지고 있어야 합니다. 서비스를 제공하는 애플리케이션의 UI User Interface, 유저와 컴퓨터가 정보를 주고받기 위한 기기, 조작 화면, 조작 방법, 조작감 등을 뜻한다 설계를 고객에게 설명할 때도 그냥 사용설명서를 보여주기보다 실제 화면을 보여주면서 설명하는 편이 이해하기 쉽습니다.

이를 영업 마케팅에 활용하기 위해서는 자기만의 매뉴얼을 만들어 두어야 합니다. 그렇기 때문에 앞으로는 기술자 경험이 있는 영업사원이나 영업 경험이 있는 기술자가 크게 인정받게 될 것이라고 말하는 사람들이 많습니다.

그렇다는 것은 현장을 아는 영업사원, 마케팅 경험이 있는 기술직이 더 생산적으로 일할 수 있다는 이야기가 됩니다. 마냥 책상에 앉아서 자기만의 상상 속에서 창출해 낸 아이디어만으로는 승부가 안 된다는 이야기입니다.

기술의 진보로 인간의 일이 컴퓨터로 대체될 것이라는 위협적인 이야기도 많이 들려옵니다. 옥스퍼드대학교의 연구 논문에 따르면 미국 노동부에 등록되어 있는 702가지 직종 중 330종, 즉 47%의 직종이 향후 10년 안에 기계로 대체될 가능성이 높다고 합니다.

놀랍게도 영화배우 또한 컴퓨터가 대신할 가능성이 높은 직업으로 꼽혔습니다. 실제로 2012년의 영화 '어메이징 스파이더맨'에서 스파이더맨 역할을 한 영국 배우 앤드루 가필드Andrew Garfield가 '앞으로 스파이더맨은 컴퓨터 그래픽으로 대체할 수 있기 때문에 내 가치는 떨어질 것'이라고 했다는 이야기를 들었습니다.

컴퓨터는 인간이 설정한 문제를 해결하는 능력이 매우 뛰어납니다. 하지만 눈앞에 닥친 상황에 대해 의문을 가지고 깊이 파고드는 힘, 주변에서 일어나는 문제를 발견하는 힘, 문제를 다시 파악하는 힘, 그리고 각기 다른 분야를 연결해 조합하는 힘은 인간에게만 있는 능력이고, 그런 힘이야말로 크리에이티브 사고 그 자체입니다.

이런 능력을 가지고 문제를 정의하여 새로운 것을 창출해내는 일의 70%가량은 커뮤니케이션이 없으면 성립될 수 없는 인간만의 일입니다. 따라서 앞으로는 희로애락을 느끼는 인간들이 커뮤니케이션을 하면서 서로 영향을 주고받는 힘이 더 필요해질 것입니다.

경영 자원이 '인재, 자원, 자금'이었던 시대에서 '컴퓨터, 컴퓨터, 컴퓨터'가 되는 시대에는 인간만이 창출해 낼 수 있는 가치란 무엇인가를 적극적으로 생각해 봐야 합니다.

인간만이 가질 수 있는 새로운 일을 생각하는 힘이야말로 크리에이티브 사고이고, 이것을 더 깊이 고민하는 사람이야말로 미래의 주인이 될 것입니다.

앞으로 사라지게 될 직업군

격변하는 시장 상황에 따라 가까운 미래에는 전 세계적으로 약 700만 개에 달하는 직업군이 없어지게 될 것이라는 전망입니다. 이렇게 변화하는 세상에는 다음의 세 가지 역할을 짊어질 인재가 필요합니다.

첫 번째는 데이터를 분석할 수 있고 자료에 의미를 부여하여 의사결정에 도움을 줄 수 있는 사람입니다. 두 번째로는 고객이 상상하지 못했던 새로운 서비스를 이해하기 쉽게 간단히 설명할 수 있는 사람입니다.

핏비트 재팬의 후쿠다 쓰요시 사장은 새로운 카테고리를 고객에게 설명할 때 가져야 하는 마음가짐을 이렇게 표현합니다. "신발을 신을 줄 모르는 사람에게 신발 신는 방법을 알려주듯이 설명하라."

신발을 신을 신을 줄 모르는 아이에게 신발 신는 법을 알려주려면 친절해야 합니다. 자꾸 실수를 하는 아이에게 짜증을 내지 말고, 천천히 습관을 들여야 합니다. 고객에게 새로운 카테고리를 설명할 때도 이와 똑같아야 한다는 것이 후쿠다 사장의 지론입니다.

세 번째는 변화를 두려워하는 사람들에게 변화를 촉구하는 사람입니다. 변화를 두려워하는 것은 자연스러운 일이기에 그런 사람들에게 '변화는 곧 성장'이라고 설명할 수 있는 사람이어야 합니다.

그림 2는 이런 세 가지 역할을 짊어질 인재에게 필요한 열 가지 능력을 순위로 나타낸 표입니다. 이 순위는 제조, 의료 등 9개 분야의 우수한 인재 371명을 대상으로 인터넷 설문을 통해 집계, 분석하여 만들어졌습니다.

그림2 미래 인재에게 필요한 능력 순위

2015년	2020년
1 │ 복잡한 문제를 해결하는 능력	1 │ 복잡한 문제를 해결하는 능력
2 │ 타인과 연계하는 능력	2 │ 사실과 추론을 구별하여 사고 하는 능력
3 │ 인재 관리 능력	→ 3 │ 새로운 것을 생각하는 능력
4 │ 사실과 추론을 구별하여 사고 하는 능력	4 │ 인재 관리 능력
5 │ 협상 능력	5 │ 타인과 연계하는 능력
6 │ 품질 관리 능력	6 │ 자기 자신, 또는 타인의 감정 을 인지하는 능력
7 │ 서비스 방향 설정 능력	7 │ 올바르게 판단하여 의사결정 하는 능력
8 │ 올바르게 판단하여 의사결정 하는 능력	8 │ 서비스 방향 설정 능력
9 │ 상대의 진의를 파악하는 능력	9 │ 협상 능력
10 │ 새로운 것을 생각하는 능력 •	10 │ 유연하게 인지하는 능력

그림을 보면 2015년에는 10위권에 들어 있지 않던 능력이 5년 뒤에는 추가된 것을 알 수 있습니다. 2015년에는 10위에 불과했던 '새로운 것을 생각하는 능력' 항목이 2020년에는 3위권까지 올라간 것도 알 수 있습니다.

구글은 '스마트 크리에이티브Smart Creative' 능력을 갖춘 인재가 영향력을 행사한다고 말합니다. 스마트 크리에이티브란 전통적인 지식 노동자와는 전혀 다른 유형으로, 분석력과 비즈니스 감각이 뛰어나고 고객을 잘 이해하며 위험을 감수하면서도 참신한 아이디어를 끊임없이 내는 능력을 가리킵니다.

이를 간단히 정리해 보면 기존의 방식에 의문을 품고 새로운 방법을 시도해 보는 데 적극적인 사람입니다. 요컨대 크리에이티브적으로 사고하는 사람이라고 볼 수 있습니다. 이러한 단어가 높은 순위에 올라와 있다는 것은 실제 채용 현장에서 자신을 어필하기 위한 키워드로 자주 쓰이고 있다는 증거이기도 합니다.

이어서 그림 3을 보겠습니다. 이 도표는 전 세계 4억 명이 등록되어 있는 세계 최고의 비즈니스 네트워크 소셜 미디어 서비스인 링크트인LinkedIn이 발표한 내용으로, 링크트인 사용자가 자신의 능력을 소개할 때 가장 많이 사용하는 단어의 순위입니다.

표의 10가지 단어는 사람들이 자기소개를 할 때 가장 많이 사용되는 단어의 순서로, 여기서도 크리에이티브 사고가 3위에 올랐습니다. 참고로 2위는 열정이고, 1위는 의욕임을 알 수 있습니다.

자기소개서를 쓰면서 다른 사람과 차별적인 개성을 뽐내기

그림3 **자신의 능력을 표현할 때 사용한 표현 순위**

1	의욕적인	6	책임감 있는
2	열정적인	7	전략적인
3	**크리에이티브적인**	8	실적
4	행동력 있는	9	조직적인
5	폭넓은 경험	10	전문가

위해 순위에 없는 표현을 일부러 골라 사용하는 사람도 있을 것입니다. 하지만 이 결과는 프리랜서, 의사, 변호사, 경영자, 대기업 직원, 중소기업 직원, 학생 등을 망라한 모든 직업군이 크리에이티브 사고를 가장 주목받는 능력 중 하나로 보고 있다는 점을 시사합니다.

직감은 상사에게 요구되는 능력

아이디어를 냈을 때, 주위 사람들이 비웃거나 무시하더라도 절대 포기하면 안 됩니다. 처음 떠올린 아이디어는 아직 씨앗에 불과한데 사람들은 무책임하게도 그것만 보고 가장 중요한 부분은 외면한 채 불쑥 자기 의견을 말할 때가 많기 때문입니다.

경영진이나 상사 입장에서는 '현재 단계에서는 약인지 독인지 판단이 서지 않지만 그래도 재미있어 보이니 한번 해보자!'는 식으로 직원의 아이디어를 직감에 따라 판단할 때도 많습니다.

그럴 때는 자신의 직감을 믿어야 합니다. 그 누구도 실행해 보지 않은 아이디어는 결국 직감으로 판단할 수밖에 없기 때문입니다. 많은 사람들이 직감을 엉터리라고 생각하지만 이는 틀린 생각입니다.

직감이란 사물이나 상황을 접했을 때, 그 실체나 진상에 대하여 그 자리에서 순간적으로 느껴서 안다는 뜻입니다. 기업의 상층부에 있는 사람들은 그간 많은 경험을 쌓으면서 갖가지 경험을 통해 직감을 길렀기 때문에 결코 무시할 수 없습니다.

규칙의 섬에서 온 사람들

새로운 것을 생각할 때 가장 중요한 점은 얽매이지 않는 것입니다. 얽매인다는 것은 과거의 경험과 습관, 기존의 규칙과 법칙을 고집하는 것입니다. 이로 인해 '전례가 없으니까 안 돼!'라고 생각하며 어차피 해도 안 될 거라는 소극적인 태도로 일관하게 됩니다.

일본 마이크로소프트에 있을 때, 미국 본사에서 온 간부가 일본에 대해 이렇게 말한 적이 있습니다.

"일본은 규칙의 섬이에요."

일본인들은 규칙을 충실하게 따른다는 의미지만, 여기엔 융통성이나 합리주의가 결여되어 있다는 뜻도 포함되어 있습니다. 그냥 곧이곧대로 생각하고 행동한다는 의미입니다.

일본의 백화점들은 고객이 왕이라면서도 개점 시간 5분 전에 도착한 손님에게 아직 영업시간 전이라면서 밖에서 기다리게 합니다. 수영장에서는 다른 사람에게 민폐를 끼치고, 아이들에게 악영향을 미친다는 이유로 타투를 한 사람의 입장을 거절합니다. 조금 융통성이 있는 곳조차 테이프로 타투를 가리고 입장하라는 식입니다.

이런 일은 일본에 살고 있는 일본인에게는 극히 당연하지만, 외국에서 온 사람이 보기에는 융통성이라곤 티끌만큼도 없는 희한한 규칙으로 비치는 것입니다.

세상은 끊임없이 변화합니다. 예전에는 시대 상황에 맞는 규칙이었지만 지금은 현실과 동떨어진 규칙들이 무척 많은 게 사실입니다. 세상의 변화에 따라 적절하게 융통성을 발휘하는 게 좋을 것입니다.

비즈니스 현장에서도 마찬가지입니다. 규칙은 매번 같은 생각을 하지 않아도 되게 하는 편리한 장치이니 이를 지키거나 참조하는 것은 전혀 잘못된 일이 아닙니다. 하지만 조금이라도 '왜?'라는 의문을 갖고 더 깊이 들어가 생각해 봐야 합니다. 크리에이티브적인 발상은 바로 이때 시작되는 것입니다.

절박함을 잃지 않도록

새로운 것을 생각할 때 중요한 점이 또 하나 있는데, 그것은 바로 '절박함'입니다. 여기서 나의 지인이 들려준 이야기를 하나 소개해 보겠습니다. 유명 외국계 기업에 근무하는 50대 남성 A씨의 에피소드입니다.

A씨는 빈곤한 가정에서 자랐습니다. 간신히 먹고 살 정도는 되었지만 홀로 자식을 키우느라 어머니가 많은 고생을 하는 것을 잘 알고 있었습니다. 그런 어머니를 하루빨리 편히 모시고 싶다는 생각에 A씨는 고등학교를 졸업하자마자 곧바로 인쇄회사 영업사원으로 취직하게 되었습니다.

그는 그때부터 죽기 살기로 일을 했고, 그러다 보니 10년이라는 시간이 흘러 있었습니다. 그동안 직책도 좀 올랐고, 돈도 좀 모아서 생활이 어느 정도 안정되어 어머니에게 조금이나마 효도도 했다는 생각이 들었습니다.

그런데 '이제 한 계단 더 올라서야지' 하는 시기에 그는 갑자기 의욕을 잃고 말았습니다. 아침에 일어나면 일하기가 싫었고, 한동안 그렇게 마음고생을 하다가 끝내 회사를 쉬게 되었습니다. 그렇게나 돈을 벌어야겠다며 필사적으로 일했던 때가 거짓말 같았습니다.

어느 정도 생활이 안정되고 어머니를 편안하게 모시게 되었으니 삶의 목표가 사라진 것입니다. 가능한 한 적게 일하고 싶다, 쉬고 싶다, 그런 안일한 생각만 들었습니다.

돈은 어렸을 적부터 가장 갖고 싶은 것이었습니다. 그런데 갖고 싶었던 것을 갖게 되니 이제는 더 이상 집착할 필요가 없어진 것입니다. 그러다 보니 자꾸 열정이나 흥미를 잃게 되었습니다.

그러다 그는 실적 부진이 거듭되는 바람에 회사 안에서 점점 자기의 공간을 잃어갔습니다. 한때는 그렇게도 열망했던 것을 손에 쥐니 절박함을 잃어버렸고, 그러다 보니 목적을 잃어버린 사람이 되어 버린 것입니다.

A씨처럼 돈을 벌어야 한다는 초조함이나 가난에 대한 불안

과 같은 절박함이 아니더라도 당신이 가진 간절함에는 어떤
것이 있는지 생각해 보기 바랍니다.

우리 주변엔 영어를 유창하게 구사하고 싶다는 사람이 무척
많지만 실제로 영어를 잘하는 사람은 그리 많지 않습니다. 그
건 영어를 쓰지 않아도 살아갈 수 있기 때문입니다. 영어를 못
해도 당장 크게 곤란한 일이 없으니 절박함을 가지고 꼭 해야
한다는 생각이 들지 않는 것입니다.

그러나 배우자가 전근을 가게 되어 영어권 국가에 거주하게
되었다거나 당장 다음 주부터 미국인이 상사로 오게 되는 상
황이 벌어지는 등 영어를 하지 못하면 일상생활에 지장이 생
기는 상황이 생기면 절박함 때문에라도 누구나 영어를 구사할
수 있게 됩니다.

이 책에서 누차 강조하는 '누구나 크리에이티브적으로 사고
할 수 있다'는 이야기는 '누구나 영어를 유창하게 말할 수 있
다'와 일맥상통합니다. 요컨대 영어 이야기와 같은 원리에서
보면, 누구나 필요성이 절박해지면 크리에이티브적으로 사고
할 수 있게 된다는 이야기입니다.

강력한 절박감에 사로잡혀 있을 때, 막다른 길목에 몰려서

오도 가도 못하는 상황이 되었을 때 기가 막힌 아이디어가 떠오르거나 말도 안 되는 난관을 극복한 경험은 영화 속에서만 나오는 이야기가 아닙니다.

LIFE
IS NOT
FAIR,
GET
USED TO
IT

3 장

유능한 크리에이터가
되기 위한 15가지

01

타인에게 나의 결단을 맡기지 마라

'제약制約'이란 말은 어떤 조건을 붙여 내용을 제한한다는 뜻입니다. 누구나 제약을 싫어하고, 진정한 자유를 만끽하려면 그것을 뛰어넘어야 한다고 생각합니다.

　그런데 제약은 다양한 방면에서 크리에이티브적으로 사고하는 데 도움을 준다는 의미에서 나쁜 것만은 아닙니다. 이 말은 제약이 없으면 크리에이티브 사고를 방해하게 된다는 뜻이기도 합니다. 이 말에 고개를 갸웃거리며 의아해하는 사람들도 있을 것입니다. 이제부터 제약이 크리에이티브 사고에 부정적 요소가 되는 사례와 긍정적 요소가 되는 사례를 알아보겠습니다.

메뉴판이 없는 식당

자유가 주어지면 반대로 부자유를 느낀다는 말이 있습니다. 나의 친구 C가 몰디브의 리조트를 방문했을 때, 최고의 서비스를 제공하는 유명 호텔의 카페에 들어가자 직원이 그에게 물었습니다.

"손님, 음료는 무엇으로 하시겠습니까? 원하시는 음료를 말씀해 주세요."

C는 습관적으로 메뉴판을 달라고 했는데, 안티깝게도 그곳에는 정해진 메뉴가 없었습니다. 그래서 '글쎄, 나는 뭘 먹고 싶은 거지……' 하고 진지하게 고민했다고 합니다.

이 카페에서 메뉴라는 제약을 없애고 고객이 마시고 싶은 음료를 마음껏 제공하는 최고의 서비스는 오히려 고객의 입장에서는 주문을 결정하는 데 시간이 걸리게 만듭니다. 제약이 없으니 쉽게 선택지를 좁히지 못하게 되는 것입니다.

이런 일은 우리 주변에 의외로 많습니다. 일상의 이야기를 적는 트위터는 140글자 이내로 글을 써야 하는 제약이 있습니다. 고작 140글자밖에는 적지 못하니 글을 올릴 때는 뭘 써야 할지, 쓰지 말아야 할지, 전달할 가치가 있는지를 고민하게 됩니다.

이런 제약 때문에 별것 아닌 게시물도 머릿속에서 말하고자 하는 바를 다듬게 됩니다. 글자 수를 제한하는 원칙이 있기에 게시물의 질이 더 올라가게 되는 것입니다.

언어 장애를 가진 변호사

1993년에 시작된 마이크로소프트의 독점금지법 위반을 둘러싼 재판에서 미국 사법부의 주임 변호사를 맡았던 데이비드 보이스David Boies는 언어장애가 있었습니다.

전 국민의 관심 속에 진행된 공판에서, 그는 집요할 만큼 지나치게 느리고 공손하게 심문을 하며 빌 게이츠의 기세를 꺾었고, 빈틈없는 의견 진술로 판사의 지지를 얻었습니다.

이때 데이비드는 언어장애 때문에 발음하기 어려운 긴 단어는 절대 쓰지 않고, 발음이 쉬운 단어로만 의견을 펼쳤습니다. 자신의 제약을 이해하고, 직시한 결과 성공을 이끌어 낸 그는 언어장애를 강점으로 바꾼 것입니다.

그는 자칫 말을 더듬는 실수를 하지 않으려고 또박또박 천천히 심문을 진행했기에, 빌 게이츠를 비롯한 피의자들은 눈을 부릅뜨고 그의 말에 귀를 모아야 했습니다. 엄숙한 재판 현장에서 이런 식의 전개는 듣도 보도 못한 광경이었기에 빌 게이 츠는 몹시 난감한 표정을 지었습니다.

제약은 일상의 자그마한 일부터 평생 지속되는 제약, 나아가 서는 국가적으로 규모가 큰 제약까지, 그 종류가 엄청나게 광 범위합니다. 그렇기에 제약이라는 말에서 답답함을 느끼거나 반발심을 느낄 수도 있지만 무조건 부정적으로만 바라볼 수는 없습니다.

기존의 제약을 이해하면 그것을 긍정적인 방향으로 살릴 가 능성을 찾기가 쉬워지고, 스스로 제약을 뛰어넘어 더 좋은 방 향으로 나아가는 방법도 찾아갈 수 있기 때문입니다.

나는 앞으로 며칠을 더 살 수 있을까?

좀처럼 작업이 끝나지 않고 시간만 화살처럼 흘러 마음이 조 급할 때, 그렇게 갑갑함을 느끼는 가장 큰 원인은 '시간이 있 다'고 생각하는 점에 있습니다.

온라인 파일 저장 서비스를 제공하는 드롭박스 Dropbox 의 CEO 드루 휴스턴 Drew Houston 은 매사추세츠 공과대학교 졸업 식에서 강연을 하다가 이런 말을 했습니다.

"우리에게 주어진 인생은 고작 30,000일 뿐이다."

1년이 365일이니 30,000일은 82년 남짓한 시간입니다. 이 말을 처음 접했을 때, 나는 그다지 특별하다고 느끼지 못했습니다. 그런데 36세가 되던 어느 날 밤 문득 내 나이에 365일을 곱해 보니 이미 13,140일을 썼다는 사실을 깨달았습니다.

이렇게 구체적인 숫자를 떠올리니 '내게 남은 시간이 얼마 없다'는 절박함이 생겼습니다. 당신은 지금까지 30,000일 중에 며칠을 사용했습니까?

내 친구 중에는 여생으로 남은 시간 동안 몇 번이나 해마다 피는 벚꽃을 볼 수 있을지 계산하는 친구가 있습니다. 하고 싶은 일이 너무 많은 그는 자신에게 주어진 시간을 헤아려 보고, 하고 싶은 일과 할 수 있는 일을 할당하여 '아직 이것도 할 수 있고, 저것도 할 수 있네'라며 언제나 가능성에 대해 생각합니다. 이처럼 자신을 제약하는 것들을 이해하면 가능성을 넓히는 일로 이어집니다. 나는 그림 4처럼 시간적 제약과 크리에이티브 사고는 비례한다고 생각합니다.

상사가 일을 무리하게 밀어붙이면 부하직원들은 강하게 반발하게 됩니다. 게다가 일의 방식까지 제한해 버리면 스스로

그림4 시간적 제약과 크리에이티브 사고의 관계

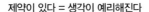

제약이 있다 = 생각이 예리해진다

크리에이티브 사고

시간적 제약

생각할 여지까지 없어져서 점차 주체적으로 움직이지 못하고 타인에게 의존하게 됩니다. 아무 생각 없이 상사의 지시만 기다리는 사람이 되어버리는 것입니다.

반면에 '일하는 방식은 알아서 정해도 좋아!'라는 상사의 말을 들었을 때는 더 주체적으로 업무에 임하게 되고 책임감까지 투철해집니다. 그리고 일에 긍지를 가지게 되어 업무에 큰 재미를 느끼게 됩니다.

이때 상사는 부하직원들이 제 갈 길을 잘 가는지 묵묵히 지켜보면서, 뒤에서 조언하고 격려하는 역할만 하면 됩니다. 일하는 방식은 알아서 하라고 해놓고 과정을 참견하거나 성과를 독촉해서는 일이 진행되지 않습니다.

반면에 나쁜 제약도 있습니다. 나는 출장을 갈 때 짐이 많으니 집에서 가장 가까운 지하철역까지 택시를 타고 갑니다. 그런데 어느 날 운전기사와 대화하며 내가 '나쁜 제약'을 두고 있다는 사실을 깨달았습니다.

나	10분 내로 역에 도착할까요?
운전기사	음, 큰길로 갈까요, 골목길로 갈까요, 어떻게 하시겠어요?
나	그러면 큰길의 저 교차로에서 꺾어서 저쪽 길을 지나서……, 역까지 가주시겠어요?
운전기사	확실히 10분 내로 도착한다는 보장은 없지만, 가볼게요…….
나	잘 부탁드려요!

운전기사는 손님이 돈을 지불해서 목적지까지 가는 것이니, 손님이 원하는 길에 따라 운전을 해주고 있는 것입니다. 그런데 바로 이 부분이 문제입니다. 상세하게 가는 법을 기사님께 말했을 때는 평균 소요 시간보다 더 시간이 걸리게 되었습니다.

왜냐하면 스스로 생각할 여지가 없어진 운전기사는 그 시점부터 자기의 역할을 내던지게 되기 때문입니다. 손님이 지시한 길대로 가고 있으니 빨리 도착하지 않아도 본인 탓이 아닙니다.

반면에 '기사님이 알아서 가주세요'라고 부탁하면 그의 책임이 무거워지니 경험과 지식을 총동원하여 빨리 도착할 수 있는 방법을 모색할 것입니다. 실제로 운전기사에게 맡기면 생각보다 더 빨리 도착하는 경우가 많습니다.

이런 사실을 깨달았을 때, 나는 일일이 갈 길을 제시하는 것이 운전기사의 크리에이티브 사고를 빼앗는다는 생각이 들었습니다. 사실 이런 일은 일상다반사입니다. 한번 자신의 일상을 되돌아보십시오. 나 자신뿐 아니라 나른 사람의 그리에이티브 사고까지 빼앗고 있을지도 모릅니다.

리더는 전략을 전달할 뿐이다

온라인 동영상 서비스의 제왕인 넷플릭스Netflix의 기업 문화를 소개한 〈Culture deck〉에는 흥미로운 내용이 있습니다.

〈Culture deck〉은 파워포인트 SNS인 슬라이드 셰어Slide Share에 업로드 되어 1,400만 회나 열람될 정도로 큰 인기를 끌었습니다. 페이스북의 2인자로 불리는 셰릴 샌드버그Sheryl Sandberg는 이를 가리켜 실리콘밸리에서 나온 가장 중요한 문서라고 극찬하기도 했습니다.

〈Culture deck〉을 구성하는 124장의 슬라이드 중에서 가장 흥미롭다고 생각한 것은 두 가지였습니다. 첫째는 자유와 책임Freedom & Responsibility 부분으로, 일반적으로 기업은 성장과 직원 증가에 따라 제약을 늘리고 직원들의 자유를 억압하려고 시도하지만 〈Culture deck〉에서는 이와 정반대의 문화가 필요하다고 주장합니다. '우리의 문화에는 자유와 책임이 있어 자기 관리와 크리에이티브 사고가 가능하다'는 문장이 기억에 남습니다.

다른 하나는 '전후 사정을 중시하되 관리하지 않는다Context, not Control'는 부분입니다. 그들은 하향식 의사결정이 바람직하지 않다고 믿고, 과정에 따라 계획을 관리하는 것도 허용하지 않습니다. 철저하게 관리 통제 방식을 배제하고 있다는 얘기입니다.

리더의 생각을 우선순위에 따라 누구나 이해할 수 있는 전략으로 바꿔 전달하고, 이때 제기되는 직원들의 새로운 생각을 수용하면서 일하는 문화를 만들어야 한다고 그들은 말합니다.

리더는 전략만을 전달하고 나머지는 철저히 맡긴다는 원칙을 고수해 나가면. 일을 맡은 사람은 자유로운 만큼 책임도 따르므로 크리에이티브적으로 사고할 수밖에 없다는 것이 그들의 철학입니다.

크리에이티브 사고는 결과물로 나타나는 것이 아니라 결과에 도달하기 위한 수단으로 사용되는 것입니다. 예를 들어 수학 과목의 방정식을 달달 외우면 학교 시험에서는 어느 정도 괜찮은 점수를 받을 수도 있겠지만 이 과정에서는 '왜 성립하는가?'와 같은 생각하는 힘을 사용하지 않습니다.

공식을 도출하기까지의 논리가 중요하고, 그 논리를 이해한 다음에 공식을 이용하는 것이 바로 생각하는 힘을 활용하는 것입니다. 이 과정에서 결과에 도달하기까지 최대한 자유가 주어진다면, 거기서 크리에이티브 사고를 이용할 여지는 무한하게 생깁니다.

02
직함의 무게를
무시하라

리버스 멘토십이라는 발상

일본 마이크로소프트에는 멘토십Mentorship 라는 특이한 조직문
화가 있습니다. 일뿐만 아니라 인생에 대해 다른 사람에게 조
언을 구할 수 있는 제도인데, 일반 직원들은 자기보다 직책이
높거나 선배 사원에게 멘토를 부탁합니다. 당연히 나도 그렇게
했습니다.

　이때 일반 직원은 업무적으로 힘든 일의 해결법, 거래처와의
분쟁, 동료 직원과의 갈등 같은 문제를 터놓고 이야기하고, 선
배 사원은 자신의 경험을 살려 좋은 해결책을 세워주거나 직
접 나서서 문제의 답을 찾아주는 역할을 합니다.

앞에서 소개한 디자인 그룹 아이디오에는 리버스 멘토십 Reverse Mentorship 이라는 제도가 있습니다. 이것은 멘토 제도와는 다르게 자기보다 나이가 어린 사람에게 자신에게는 없는 관점이나 최신 트렌드를 배우는 제도입니다.

나는 곧 40세가 됩니다. 아무리 머리로는 젊게 생각하려고 해도 나보다 어린 세대에게 더 익숙한 기술이나 생각에 점점 차이를 느낍니다. 그래서 이 제도에 대해 들었을 때 눈이 번쩍 뜨였습니다.

연장자들은 아무래도 새로운 비즈니스 트렌드나 젊은이들이 공유하는 사고방식을 따라잡기가 힘듭니다. 이때 어린 세대들과 호흡하면 어느 정도 그들의 흐름을 느낄 수 있을 것입니다.

일반적으로는 어느 분야에서 어떤 일을 하든 경험이 많은 연장자에게 배워야 한다는 고정관념이 있지만, 이런 사고의 틀을 벗어나 젊은 세대와 호흡하면 새로운 트렌드도 알게 되고 더 젊은 감각으로 세상의 흐름을 인지할 수 있을 것입니다. 그래서인지 요즘에는 리버스 멘토십을 대기업들도 많이 채택하고 있습니다.

젊은 놈은 그냥 따라오기나 하라는 발상

〈인턴 The Intern〉이라는 미국 영화가 있습니다. 젊은 직원들이 바삐 움직이는 뉴욕의 패션 사이트 운영 기업에 어느 날 70세의 노인이 시니어 인턴으로 들어오면서 이야기가 시작됩니다.

흔히 시니어층은 선두에 나서려고 하지만, 영화 속 노인은 반대로 과거의 경험을 살려 현실에서 맞닥뜨린 문제를 유연하게 풀어나가면서 젊은 사람들과 서서히 관계를 구축해 나갑니다. 처음에 그는 사장 입장에서도 다루기 어렵고 짜증나기도 하는 존재였습니다. 하지만 그들 간에도 조금씩 우정이 싹트게 됩니다.

로버트 드 니로가 연기한 노인은 멋과 여유가 넘치는 인물로, '나는 사장보다 선배이고 경험자야!'라며 선두에 나서려고 하지 않고 충분한 경험을 가졌지만 팀에 공헌하려는 겸허한 자세를 가진 인재라고 할 수 있습니다.

이 영화가 인기를 끌었던 것은 미국에서도 그 노인과 같은 인재가 이상적일지 모른다는 공감대가 있었기 때문입니다. 젊은이와 노인 사이에 벽을 만들지 않고, 젊은 패기와 노인의 연륜을 더하는 유연한 자세가 기업의 이익에 더 많이 공헌하리라는 믿음 말입니다.

일본 기업들에게도 이런 인식이 있을까 생각해 봅니다. 몇 년 전에 어느 일본 대기업의 간부사원 연수회에서 강연을 한 적이 있습니다. 그곳에서 나는 '틱톡TikTok을 아시나요?', '에어비앤비Airbnb를 사용해 본 적이 있나요?' 같은 질문을 했는데 절반 이상이 머리를 흔들었습니다.

이런 기업들에서 젊은 세대의 직원이 좋은 아이디어를 기획하고 정리한 보고서에 틱톡이나 에어비앤비 같은 비즈니스 모델을 예로 들었다면 경영진이 당연히 납득이 되시 않아 통과되기 어려울 것입니다. 리버스 멘토십과 같은 개념은 이런 차이를 메꾸고 가능성을 넓힐 수 있습니다.

일본은 아주 오랫동안 계급사회적인 비즈니스 풍습이 이어지고 있어 직함을 많이 의식합니다. 아직까지 연공서열(근속 연수나 나이에 따라 지위가 올라가는 것)을 지키는 회사도 적지 않아서 나이 또한 무척 의식합니다.

명함에 '대표이사 사장'이라고 적혀 있으면 그를 당장 '사장님'이라고 부르고, 회의에 상대 회사의 사장이 참석해야 이쪽의 사장도 동석을 합니다. 반대로 상대 회사의 사장이 참석하지 않으면 이쪽 또한 나가지 않습니다. 사장이 뭔가를 지시하면 직원은 그 말에 무조건 동의해야 하고, 반론을 제기하면 이단아

내지는 반항아 취급을 당합니다.

직함과 권위는 별개 문제

어느 날 재미있는 경험을 한 적이 있습니다. 친구의 소개로 만
난 미국의 IT계열 스타트업 '깃허브GitHub'의 대표와 이야기를
나누게 되었습니다.

30대 후반인 그의 이름은 폴 세인트 존Paul St. John 으로, 만난
지 30분 정도 되었을 무렵 무척 쾌활하면서도 섬세한 사람이
라는 것을 알 수 있었습니다. 1시간 남짓밖에 이야기를 나누지
못했지만 굉장히 만족스러운 시간이었습니다. 나는 서로의 사
업에 대한 의견을 전달했고, 그 또한 나에게 새로운 관점을 제
시해 주었습니다.

그와 헤어진 후 명함을 보니 이름 밑에 'GitHub Sales'라는
문구만 적혀 있었습니다. '흠, 세일즈맨이란 말이지…….' 나는
그가 영업 담당 임원쯤 되는 사람일 거라고 짐작했습니다. 그
런데 나중에 링크트인에 그의 이름을 검색해 보았더니, 깃허브
의 CEO였던 것입니다.

명함에 적혀 있던 것은 'GitHub Sales'라는 간단한 직함이

었지만, 매사에 자신감 넘치는 사람은 그와 비슷한 명함을 가지고 다닐지 모른다는 생각이 들었습니다.

"나는 직함이 없어도 비즈니스 파트너와 커뮤니케이션할 수 있다. 그러니 직함으로 나를 평가하지 않았으면 한다."

나는 그 명함에서 이런 메시지를 느꼈습니다. 그는 어쩌면 직함이 비즈니스에 방해가 될지 모른다는 생각을 했을지도 모릅니다.

나는 회사명에 직책에 요란하게 디자인된 명함을 들고 다니는데, 나보다 그가 훨씬 더 멋있어 보였습니다. 직함을 앞세우지 않더라도 인간적 무게감과 인품이라는 매력으로 타인을 매료시킬 수 있다는 걸 그때 알았습니다.

분명한 사실은 직함에 권위를 나타내면 안 된다는 것입니다. 직함이 주는 카리스마에 기가 죽어 할 말을 못하는 시대가 아니라는 이야기입니다. 직함에 대한 편견 때문에 스스로 크리에이티브 사고의 유연성을 방해받아서는 안 됩니다.

03
움직이면서
몸에 익혀라

모든 행동은 새로운 발견을 부른다

현재 있는 개념을 토대로 일단 목표를 정하고 행동으로 옮기는 쪽이 계획만 세우는 것보다 몇 배는 더 얻는 것이 많습니다. 실행에 옮기는 일은 상세히 계획을 짜는 일보다 훨씬 중요해서 사업 계획이 80% 정도 완성되면 실행에 옮기라는 말도 있을 정도입니다. 심지어 델DELL에서는 선배들에게 50%에 실행하라고 배우기도 했습니다.

20대 후반에서 40대는 비즈니스의 최전선에서 매일 격무로 시달리며 대량의 정보를 습득하기 때문에 일을 하다 보면 직감이란 것이 생깁니다. 직감을 믿고 용기를 내어 첫걸음을 내

딛고, 힘차게 달리면서 적절한 방향으로 수정하는 것이 중요하다는 이야기입니다.

20년 정도 전까지는 기업에서 IT환경을 정비하기 위해 거금을 들이는 것이 당연했습니다. 투자 금액이 큰 만큼 몇십 장에 달하는 통계자료와 계획서를 공들여 만들고, 절대로 실패하면 안 되는 안전한 준비를 하면서 방대한 시간을 들였습니다.

하지만 지금은 시대가 다릅니다. 인터넷에는 다양한 정보가 공개되어 있어 많은 아이디어들이 굴러다니고 있습니다. 예전이라면 몇 시간을 들여가며 만들었을 두꺼운 계획서에 필적할 아이디어가 공짜로 굴러 떨어지고 있는 것입니다.

그러나 이렇게도 생각할 수 있습니다. 인터넷 검색으로 쉽게 얻을 수 있는 아이디어는 가치를 논할 수 없는 무의미한 것들이라는 이야기입니다. 그러니 계획은 되는대로 하고, 우선은 적당한 완성도로 만들어 일단 시장에서 시험해 보는 편이 훨씬 이득이 될 것입니다. 발명왕 토머스 에디슨은 이런 말을 남겼습니다.

"거의 모든 사람은 이 이상 아이디어를 낼 수 없겠다 싶은 지점에 다다르면 의욕을 잃고 만다. 승부는 그때부터인데 말이다."

"많은 사람들이 기회를 놓치는 이유는 기회가 작업복 차림의 일꾼 같아 보이며, 일로 보이기 때문이다."

이 말을 나는 이렇게 해석합니다.

"크리에이티브 사고는 아이디어에서 그치면 안 된다. 승부처는 아이디어를 키우고, 시장에 받아들여질 때까지 몇 번이고 수정하면서 완성하는 데 있다. 게다가 아이디어를 쥐어짜는 데 온 힘을 다 쓴 나머지 앞으로 나아가지 못한다면 그야말로 본말이 전도된 셈이 된다. 그리고 아이디어는 떠올랐지만 실행에 옮기는 게 쉽지 않아 주저하고 있으면 모처럼의 기회를 날려버리게 된다."

따라서 우리에게 요구되는 것은 '나에게 대단한 아이디어가 있어!'가 아니라 '아이디어를 실제로 해봤더니 이렇게 됐어!'라고 말하는 것입니다. 생각만 하고 머뭇거리거나 그만두는 게 아니라 행동으로 옮기는 속도가 중요하다는 것입니다.

광고회사를 운영하는 고자카 히데요시 사장은 직원 9명의 작은 회사지만, 일본에서 매출액으로 10위 안에 드는 대기업들과 거래하고 있습니다. 그렇게 작은 회사가 경쟁사들을 제치고 거래를 따내는 비결은 무엇일까요?

그것은 바로 손을 움직이는 속도에 있습니다. 계획은 둘째이고, 상대의 허를 찌를 정도로 기민한 행동이 그들의 주특기입니다. 그는 이렇게 말합니다.

"내가 알고 있는 성공한 사업가들은 사업 규모와 관계없이 모두 손을 움직이는 속도를 중시한다. 손이 느리면, 다시 말해서 행동이 느리면 결코 성공하지 못한다."

그는 이런 사업 철학에 따라 의사결정을 최대한 빠르게 하기 위해 누군가 새로운 아이템을 제안하면 아홉 명의 직원들이 머리를 맞대고 앉아서 논의를 거듭하고, 멋진 아이디어라는 의견이 모아지면 즉시 행동에 옮기는 시스템을 갖췄다고 합니다.

그 덕분에 그의 회사는 다른 기업들보다 의사결정 과정이 빠르고, 즉시 행동하는 추진력을 갖추게 되어 타사와의 경쟁력과 차별화를 이룰 수 있게 되었다고 합니다.

크리에이티브 사고는 움직이면서 더 확장시키는 것으로, 단순히 계획만 세워서는 키우기는커녕 소멸되기 십상입니다. 그래서 '80%가 아니라 50%에 실행하라!'라고 하는 것입니다. 꼼꼼히 시간을 들여 계획하면 할수록, 논의를 거듭하면 할수록, 결국에는 그만두는 편이 낫지 않을까 하는 결론에 도달하는 경우가 많습니다.

계속 꾸물거리기만 하면 보수적이 되어 방어 태세가 되기 쉽기 때문입니다. 그렇게 될 바에는 차라리 뭔가를 실행할 때 50% 정도 계획이 세워졌다면 '돌격 앞으로!'라는 정신으로 임하는 편이 낫습니다.

작게 시작한 일이 창대해진다

최근 젊은 층을 중심으로 생각이 난 것을 바로 시도해 보려는 기민한 사람들이 늘고 있습니다. 사실 이런 행동 방식은 서구에서는 오래 전에 일어난 현상입니다.

한때 고향에 있는 작은 판매회사에서 일한 적이 있습니다. 영업 직책임에도 매사에 서두를 것도, 급할 것도 없이 느긋한 태도로 일관하며 시간을 보내고 있었습니다. 그러다 도쿄에 올라와 이런저런 사람을 만나며 그들로부터 배운 것이 있었습니다.

"완벽을 기하기보다 일단 시작하라."

이 메시지는 품질을 무시하라는 뜻이 아니라 사소한 일에 정신을 빼앗기지 말고 일단 첫걸음을 내딛으라는 의미입니다.

아이디어가 있다면 당장 가능한 일부터 실행합시다. 믿을 만한 동료에게 한 장짜리 짧막한 메모를 건네주고 그의 반응을 들어보는 것도 좋습니다.

사업을 시작할 때 자주 듣는 말 중에 '생각은 크게, 시작은 작게, 전개는 빠르게'라는 것이 있습니다. 생각을 크게 하더라도 목표가 너무 거창하면 좀처럼 행동에 나서기 쉽지 않고, 도중에 풀이 꺾이고 마니 의도적으로 시작은 작게, 가능한 일부터 해보라는 것입니다.

현재 시장에서 큰 성공을 거두고 있는 서비스들도 처음에는 변변찮은 내용이었습니다. 페이스북이나 구글, 트위터의 초기 버전 웹사이트를 보면 현재 형태는 전혀 상상도 되지 않을 정도로 완성도나 세련미와는 거리가 멀었습니다.

그렇게 시작해서 오늘에 이르기까지 얼마나 많은 수정을 거듭했을지 생각해 보십시오. 지금은 너무도 잘 알려진 서비스지만 그들의 비루한 시작을 기억하는 사람은 거의 없을 것입니다. 그들이 이룩한 성공은 작은 발걸음을 내딛는 중요성을 가르쳐 줍니다.

행동은 행복감에도 영향을 끼친다

크리에이티브 사고는 완전히 이질적인 것을 지금까지 볼 수 없던 형태로 만들어 새로운 가치를 창출해 냅니다. 지금까지는 없던 개념이기 때문에 처음에는 받아들여지지 않거나 무시당하는 일도 있습니다.

이런 문제를 뛰어넘기 위해 행동에 나서는 일을 '모험'이라고 부릅니다. 모험에는 예상하지 못한 일들이 벌어지기도 하기에 자연스럽게 불안과 공포가 커져 도중에 그만두고 싶은 기분이 들기도 합니다.

조금 다른 이야기지만, 이렇게 때때로 도망치고 싶어질 때 나를 지탱해 주었던 '수학적 사고'에 대해 이야기해 볼까 합니다. 고등학생 시절에 나는 럭비 선수였습니다. 그런데 1학년 여름 합숙 중에 부상을 입어 3개월 동안 훈련을 거의 하지 못하는 나날이 계속되었습니다.

'이러다간 뒤처지겠어, 이제 주전으론 뛰지 못하겠지', 이런 생각에 불안과 공포가 엄습했고 럭비를 그만둬야겠다는 생각까지 들었습니다. 그러던 어느 날 용기를 내어 감독에게 털어놓았더니 그분이 나에게 이렇게 물었습니다.

"동전을 열 번 던져서 앞과 뒤가 나올 각각의 확률은 얼마

일까?"

나는 갑작스러운 질문에 당황하면서 "50%인가요?" 하고 얼버무렸습니다. 그러자 감독님이 다시 물었습니다.

"그럼 지금 너의 기분을 이 동전의 확률에 빗댄다면 각각 몇 %일까?"

나는 곧바로 이렇게 대답했습니다.

"앞(긍정적인 기분)이 20%, 뒤(부정적인 기분)가 80% 정도인 것 같습니다."

그때까지도 감독님의 질문 의도를 전혀 이해하지 못했습니다. 나의 당혹스러운 얼굴을 보며 감독님이 이런 말을 했습니다.

"이번엔 동전을 1,000번 던지면 어떨까? 10번을 던졌을 때는 부정적인 기분인 뒷면이 나올 확률이 80%일지 모르지만, 1,000번이면 앞과 뒤가 나올 확률이 좀 비슷해지지 않을까?"

감독님은 10번 정도로 그만둬서는 안 된다는 이야기를 하고 싶었던 것입니다. 모험을 그만두기에는 너무 이르다는 뜻입니다. 나는 이후에도 그만두고 싶을 때, 좌절할 것 같을 때, 모든 걸 내던지고 싶을 때마다 감독님의 말을 떠올리곤 합니다. 여러분도 불안과 공포를 동반하는 모험의 바다로 떠날 때, 이 말을 떠올려 보기 바랍니다.

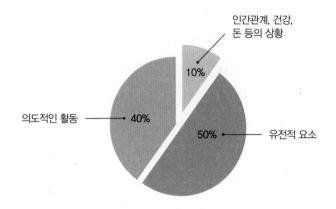

그림 5 무엇이 행복을 결정하는가?

인간관계, 건강,
돈 등의 상황

10%

의도적인 활동 ——— 40%

50% ——— 유전적 요소

앞에서 '50%의 계획으로 출발하는 일'에 대해 말했습니다. 일단 시작해 보고 달리면서 생각하는 방법이 바람직하다는 말인데, 이를 과학적으로도 설명할 수 있다고 합니다(그림 5 참조).

이 연구에 따르면 인간이 행복하다고 느끼는 감도의 50%는 유전적으로 정해져 있으며, 나머지 절반 중 10%에는 인간관계, 건강, 돈 등이 포함되어 있습니다. 놀랍게도 이러한 환경적 요인을 모두 더한다고 해도 행복에 끼치는 영향은 불과 10%밖에 되지 않는다는 것입니다.

결혼하면 행복해질 거야, 연봉이 높아지면 행복해질 수 있어, 건강한 생활을 하면 행복해지지……. 물론 모두 중요한 부분이지만 그래도 행복감을 느끼는 감도는 고작 10%에 불과하다는 것입니다.

나머지 40%는 '의도적인 활동'으로 느낄 수 있습니다. 행동한 결과 목표를 달성했는지가 중요한 게 아니라 행동하는 것 자체가 인간의 행복에 영향을 끼친다는 것입니다. 바꿔 말하자면 의도적인 활동으로 40%에 해당하는 영향을 최대화할 수도 있고, 반대로 낮출 수도 있다는 의미입니다.

따라서 자신의 의지로 관리할 수 있는 40%에 의식을 집중해서 행복감을 높이면 결과적으로 기분이 좋아지고, 맑아진 머리로 크리에이티브 사고를 높일 수도 있을 것입니다.

기업이라는 조직에서는 행동하기 전에 논의를 거듭하는 등 신중해지는 일이 많은데 이런 일이 많아질수록 결국엔 안 하는 편이 낫다는 결론에 도달하고 맙니다. 그러고 보면 회의가 많은 회사는 망한다는 이야기가 그냥 나온 것이 아닙니다.

뭔가를 배우고 내 것으로 만들기 위해서는 일단 행동할 수밖에 없습니다. 행동하면 분명히 새로운 현상과 마주치고, 그것을 이겨낼 새로운 사고방식이 생겨납니다. 모든 행동은 새로운 발견을 부르기 때문입니다.

04
생각해 봤자 소용없는 일은
생각하지 마라

질투는 머리를 나쁘게 한다

얼마 전에 읽은 《좌선과 뇌禪と腦》라는 책에서 저자는 질투, 욕심, 푸념을 머리를 나빠지게 하는 세 가지 독소라고 말했습니다. 그러면서 이 세 가지 독소는 주위 사람을 불쾌하게 하고, 스스로에게도 상처 나게 하는 일이기 때문에 당장 멈춰야 한다고 했습니다. 하지만 사실은 이 세 가지 독소야말로 가장 그만두기 어려운 일이라는 게 진짜 문제입니다.

오늘의 사회는 페이스북, 인스타그램, 트위터 같은 소통 방법을 쉽게 이용할 수 있어 자신과 남의 사생활을 쉽게 비교할 수 있게 되었습니다. 그런 상황이니 나보다 나은 사람에 대한 시샘도 쉬워졌습니다.

자기 자랑으로 가득한 남들의 SNS를 보고 있노라면 '그들이 나보다 더 행복한 인생을 보내고 있는 건 아닐까?' 하는 기분에 우울해지고, 그들을 시샘하는 감정이 북받쳐 오르게 됩니다.

우리는 '신경이 곤두선다'는 말을 자주 하는데, 이런 상태가 지속되면 뇌의 활동에 당연히 부정적인 영향을 줄 것입니다. 어릴 때 어른들로부터 '질투는 머리를 나쁘게 한다'는 말을 자주 들었는데, 바로 이런 상황을 초래하게 되는 것입니다.

더구나 질투심은 계속해 봤자 소용도 없는 망상으로 이어질 때가 많습니다. '그때 내가 이렇게 했다면 나도 그 애처럼 되지 않았을까?' 하면서 결국엔 그러지 못한 자신을 책망하고 비난하는 일이 생깁니다.

이러한 감정은 대부분 쓸데없는 비교에서 시작됩니다. 예를 들어 연봉이 적어 행복하지 않다고 생각할 때는 주위에 있는 어떤 사람과의 비교 끝에 자신이 불행하다고 느끼는 것입니다.

그러나 그런 마음은 사실 극단적으로 말하면 연봉을 올리고 싶은 게 아니라 타인과 비교했을 때 내가 더 벌었으면 하는 마음입니다. 그래야 질투심을 해소할 수 있으니 말입니다. 그러나 이것도 잠시 나의 생활수준이 올라가도 남들도 나처럼 올라간다면 풍요로움과 상관없이 행복하다고 느끼지 못할 것입니다.

중국에서의 경험이 가르쳐 준 것들

80년대부터 90년대까지 세계의 개인용 컴퓨터와 서버 분야에서 가장 큰 판매사의 하나였던 델에서 일할 때, 1년 동안 중국 다롄에서 파견 근무를 한 적이 있습니다.

해외 근무라고 하면 굉장한 것 같지만, 당시 나의 월급은 일본 직장인의 평균임금에 비한다면 터무니없이 낮은 급여였습니다. 그래서 지인들은 나를 불쌍한 눈으로 바라봤습니다. 그렇게 박봉을 받고 일하다니 바보 취급을 한 사람도 있었을 것입니다.

하지만 나는 중국에서 꽤 풍족하게 살았습니다. 당시만 해도 중국 일반가정의 경제 사정은 무척 빈약해서 한겨울의 추위 속에서도 손빨래하는 풍경을 쉽게 볼 수 있었습니다.

거리를 걷다 보면 초등학생 정도 되어 보이는 아이가 내 바짓가랑이를 붙잡고 늘어지며 구걸하는 일도 많았습니다. 중국에서 매일같이 나보다도 여유가 없는 사람들이 필사적으로 삶을 이어가는 풍경을 접하며, 내가 얼마나 풍요로운 생활을 하고 있는지 느낄 수밖에 없었습니다.

그런데 일본으로 돌아와서는 생활하는 데 부족함이 없는 월급을 받아도 풍족하다는 느낌을 받지 못했습니다. 왜냐하면 주위 사람들도 나와 비슷한 생활수준이었기 때문입니다.

그동안 내가 얼마나 다른 사람들과의 비교를 통해 내 기분이 왔다 갔다 했는지, 그리고 그것이 얼마나 하찮은 일이었는지를 깨닫게 되었습니다.

중국에 있을 때, 나는 남과 비교할 일이 없으니 혼자만의 시간을 갖고 마케팅 아이디어를 수도 없이 많이 생각해 냈습니다. 노트 가득 써내려간 그 기록들은 지금의 나에게 너무도 큰 자산이 되었습니다. 몸과 마음이 자유로운 젊은이가 아무것에도 구애받지 않고 펼쳐나간 사업 아이디어이기 때문에 그만큼 가치가 있었던 모양입니다.

남과 비교하면서 생기는 시기심은 자기 자신을 크리에이티브적으로 사고할 수 없는 환경으로 이끄는 독버섯 같은 감정입니다. 그것은 일에서 성과를 내기 위해 써야 할 에너지를 생각해 봤자 소용도 없는 일에 써버리고 마는 것과 같습니다.

더 이상 남들의 SNS를 훔쳐보고 질투에 불타지 않기를 바랍니다. 인생은 좋은 일로만 가득하지 않습니다. 사람들은 매일 온갖 종류의 감정이 다양하게 일어나는 가운데 그날의 단 한 가지, 본인이 제일 좋다고 생각한 부분만을 올리는 것입니다.

그들의 일상사 이면에 어쩌면 10가지 나쁜 일이 일어났을지도 모르는 일입니다. 그들의 가면극에 속지 말아야 당신이 행복해집니다. 따라서 타인의 SNS를 보지 않는 것이 제일 좋겠지만, 그러기가 어렵다면 밤낮으로 비교하면서 상처받지 않기를 바랍니다.

'기억의 망각'이라는 이론을 제안한 독일의 심리학자 헤르만 에빙하우스Hermann Ebbinghaus의 망각 곡선에 따르면 우리가 뭔가를 학습한 이후 20분 뒤에는 42%, 1시간 뒤에는 56%, 일주일 뒤에는 77%, 한 달 뒤에는 79%를 잊어버린다고 합니다.

즉, 20분 뒤에 절반 가까이 잊어버리고 취사선택에 의해 남겨진 기억마저도 천천히 망각의 길을 달리게 된다는 것입니다. 이러한 망각의 과정에서 몇 번이고 다시 생각을 떠올리면 그 기억은 장기 기억으로 오랫동안 남게 됩니다.

요컨대 SNS 게시물을 몇 번이고 다시 들여다보거나 매일같이 질투심을 불태우면 결국 그것이 오랫동안 머릿속에 남아 온종일 그 사람을 따라다니게 됩니다.

그러면 두말할 것도 없이 크리에이티브 사고는 급격하게 저하됩니다. 그것은 한 마디로 과거의 허상에 목을 매는 것으로, 그럴수록 새로운 것을 찾는 크리에이티브적인 삶은 멀어지게 됩니다.

남과 비교하며 살지 맙시다. 나는 내 인생을 살고 있을 뿐, 그 누구도 나를 대신할 수 없고 누구를 대신해서 사는 것도 아닙니다.

생각해 봤자 쓸데없는 일은 생각하지 말라는 중국 속담이 있습니다. 나는 비즈니스 현장에서 이 속담을 자주 떠올리곤 합니다. 경쟁업체와의 피나는 싸움에서 패배했을 때 분한 마음에 후회하고 반성하기도 하지만, 그때마다 내 머리를 두드리는 말은 이것입니다.

"생각해 봤자 쓸데없는 일은 생각하지 말자."

05

익숙한 것들과 결별하라

내부의 힘만으로는 한계에 부딪힌다

정신없이 변화하는 세상 속에서 아무리 '변해야지'라고 다짐해도 뜻대로 되지 않는 사람들은 주변인들을 바꿔보는 것이 좋다고 생각합니다.

경영 컨설턴트 오오마에 겐이치大前研一 씨는 인생을 바꿀 방법은 딱 3가지밖에 없다고 단언합니다. 첫째는 시간 분배, 둘째는 사는 장소, 세 번째는 주변인입니다. 인간관계도 이와 같아서 지금 자신의 상태를 객관적으로 평가하고 싶다면 자신의 주위에 어떤 사람들이 있는지를 보면 됩니다.

최근에 업무적인 문제들을 어떻게 해결했는지 기억할 수 있나요? 먼저 사내에서 늘 만나는 얼굴들과 회의를 여는 방법이 있습니다. 누군가가 이 난관을 헤쳐나갈 정답을 내주기를 기대하면서 비슷한 관계에 있는 사람들을 모아놓은 그저 그런 회의입니다.

그런데 늘 함께 지내 온 사이끼리는 아무리 회의 시간이 길어도 끝내 결론이 나지 않아 결국 각자 검토해 보기로 하고 끝내는 경우가 많습니다. 사실 회의 전부터 결론이 어떻게 날지 알고 있는 경우도 많이 있습니다.

접촉하는 사람이 항상 같으면 생각은 평범해지기 십상입니다. 링크트인의 창업자 리드 호프먼 Reid Hoffman 은 이렇게 이야기했습니다.

"회사 밖에 존재하는 우수한 두뇌는 회사 안보다 많다."

아무리 구글이나 마이크로소프트 안에 탁월한 인재들이 많아도, 회사 밖으로 나가보면 더 우수한 인재들이 넘쳐난다는 이야기입니다.

나 또한 같은 생각입니다. 업무적으로 어려움에 봉착했을 때, 안에서 해결책을 찾기보다는 해당 문제에 정통한 사람을 어떻게든 찾아내어 연락한 후 직접 만난 적이 많이 있습니다.

흔히 일본 기업은 대외비라며 기업의 문제를 외부에 내놓지 않으려는 경향이 있는데, 외국의 경우는 비즈니스를 성공시키기 위해서는 협의 가능한 외부 인력을 될 수 있는 한 많이 늘려야 한다고 생각하기 때문에 회사 밖의 인재를 찾아가는 것이 굉장히 자연스러운 일입니다.

회사 밖의 사람이 상의할 게 있다며 갑자기 연락해 오면 이상하게 생각하지 않을까 싶기도 합니다. 그러나 이런 문화가 뿌리 깊게 자리 잡은 회사에서는 오히려 환영하며 자기 일처럼 이야기를 들어주고 적절한 조언을 해줍니다.

그것이야말로 'Give and take'로 나도 언젠가는 그런 식의 도움을 받게 될 날이 올 것입니다. 회사마다 이런 환경이 갖춰지기까지는 시간이 걸리겠지만, 복잡한 문제일수록 외부인의 의견을 듣고 그들의 반응을 참고하면 손해될 일이 없습니다.

익숙한 환경에서 떠나라

나는 만 25세까지 고향 이시카와에서 지냈습니다. 당시 나는 이 지역에서 가장 잘나가는 기업에서 일하고 있다는 자부심이 있었습니다. 사회인 럭비 팀에도 참여하고 있어 만족감 또한 컸습니다.

매주 만나는 소중한 친구들도 있고, 금요일마다 술을 함께 마실 수 있는 동료들도 있었습니다. 그렇게 즐거운 시간을 보내는 동안, 주위 사람이 느끼는 나의 인격체가 정체되어 있다는 것을 깨달았습니다.

"럭비만 하는 녀석, 계속 이시카와에 있는 사람, 아무 생각도 없는 남자, 멍청한 놈."

스스로 깨닫기 전까지는 이런 말을 들어도 그냥 웃어넘기곤 했는데 언젠가부터 이상하다고 생각하기 시작했습니다. 새로운 일에 관한 이야기를 꺼낼 때마다 주위 사람들이 입을 모아 '그건 무리야!', '네 힘으로 그건 안 돼!'라고 말했기 때문입니다.

그렇게 나의 정체성은 이미 주위 사람들에 의해 완성되어 있었던 것입니다. 그래서 난생처음 스스로의 의지로 사랑하는 고향을 떠나게 되었습니다. 친구들이 나에게 '그건 무리야!'라고 말했던 이유를 지금은 잘 알고 있습니다. 당시의 나로서는 절대로 달성할 수 없었을 일들을 하고 싶어 했기 때문입니다.

"세계 무대를 누비며 글로벌 시장에서 성공할 거야!"

그때는 이런 건방진 이야기를 했지만, 미래가 어떻게 될지는 아무도 모릅니다. 고향을 떠난 지 13년이 지난 지금, 오래 전 그때 다짐했던 목표를 향해 힘차게 뛰고 있다는 점에서 분명히 예전의 내가 아니라고 생각합니다.

그리고 나는 더 중요한 점을 배웠습니다. 그것은 다른 사람의 영향을 최대한 많이 받아들이라는 점입니다. 우리는 '다른 사람에게 영향을 받지 말라'는 조언을 곧잘 듣는데, 그것은 아무리 생각해도 틀린 말이라고 생각합니다.

현재의 나는 지금까지 다른 사람의 영향에 의해 만들어진 집합체입니다. 지금까지 만나왔던 사람들이 없었다면 내 안에 잠들어 있던 나도 모르는 나를 발견하지 못했을 것이며, 지금의 나 또한 존재하지 않았을 것입니다.

도쿄에 올라온 나는 우선 글로벌 시장에 참여하기 위해 개인용 컴퓨터 분야에서 세계 최고 기업으로 평가받던 델의 채용 시험에 응했고, 첫 임지가 바로 중국 다롄이었습니다.

그때 이후 나는 여러 차례 이직을 하며 많은 동료와 선배들을 만나 비즈니스 인생을 넓혀나갈 수 있었고, 그런 인간관계를 통해 주변의 영향을 받는 일이 얼마나 중요한 것인지를 깨닫게 되었습니다.

사회생활을 하다가 익숙한 곳을 떠나면 뭔가 두렵기도 하지만 다음엔 미지의 새로운 만남이 찾아옵니다. 그런 의미에서 당신이 아직 이루고자 하는 일을 성취하지 못했다면 그 원인 중 하나는 주변 환경이 당신의 성공을 허락하지 않았기 때문일지도 모릅니다.

익숙한 환경에서 떠나 익숙한 사람들과의 관계에서 노망쳐 보세요. 익숙한 곳을 떠나 환경을 바꿔보면 성공을 막아서던 것들이 사라지게 될지도 모릅니다. 주위 환경 때문에 억지로 구축되어 있던 자신의 모습을 깨버릴 기회를 스스로 찾기 위해서는 익숙한 것들과의 결별이 필요합니다.

06

척척박사병에
걸리지 마라

당신은 찻잔을 비웠는가?

자신 있는 분야를 훌륭히 해냈을 때, 다른 사람들로부터 칭찬을 받은 경험은 누구에게나 있을 것입니다. 이런 일이 잦으면 회사에서는 '그 분야라면 그 선배에게 가서 물어봐!'라는 말이 나올 정도로 인정받게 됩니다.

하지만 자타가 공인하는 전문가라고 자부하면서 '나는 뭐든지 다 알고 있어!'라는 자만심에 빠져 낡은 지식을 고수하며 자기만의 논리를 펼치는 사람이 아주 많습니다.

홍콩 영화배우 성룡의 영화 중에는 찻잔에 차가 가득 찼지만 계속해서 차를 따르는 유명한 장면이 있습니다. 이 장면은 선禪에서 말하는 '비기너스 마인드beginners mind, 초심자의 마음가짐'에서 비롯된 것입니다. 초심이란 한 분야에서 오래 경험을 쌓을수록 절대로 잊어서는 안 되는 마음가짐입니다.

영화의 장면을 보면 이렇습니다. 어느 노승을 찾아온 대학교수가 '깨달음이란 무엇입니까?' 하고 물었습니다. 그러자 노승은 그에게 차를 대접히기 위해 찻잔에 찻잎을 넣고 뜨거운 물을 붓기 시작했습니다. 그런데 노승은 잔에 물이 꽉 찼는데도 계속 물을 붓기만 했습니다. 교수가 몹시 당황하면서 입을 열었습니다.

"차는 이제 충분합니다. 더 이상 들어가지 않는다고요!"

그러자 노승은 천천히 입을 열었습니다.

"이 찻잔처럼 당신은 스스로의 생각으로 마음속이 꽉 차 있으니 더 이상 다른 생각을 부어넣을 수가 없습니다. 당신이 찻잔을 비우지 않는 이상 깨달음을 얻기는 어렵겠습니다."

이 이야기는 한 분야에 정통할지라도 일단 자신의 생각을 버리고 머릿속을 완전히 비운 다음 다른 사람의 의견을 들으려는 마음가짐을 가져야 한다는 교훈을 줍니다.

사람들은 곧잘 '잘 모르겠네요'라고 말하면 뭔가 무지하고 나약한 존재로 비쳐진다고 착각합니다. 그러면서 상대방이 '그 것도 몰라?' 하고 얕잡아 볼까 두려워합니다.

하지만 크리에이티브적으로 사고하는 것의 시작점은 모른 다고 인정한 뒤에 다른 사람들에게 새로운 정보를 마음의 찻 잔에 받아들이는 것입니다. 예를 들어 나의 전문 분야는 마케 팅입니다. 한 번은 동종 업계에 종사하는 사람들에게 '마케팅 전문가라고 하면 무슨 일을 하는 사람이 떠오르나요?' 하고 물 어봤습니다.

그러자 비즈니스 모델을 생각하는 사람, 광고 홍보 담당자, 시장 조사를 하는 사람, 판매 시스템을 만드는 사람, 영업사원 이 없어도 잘 팔릴 만한 방법을 창안하는 사람 등 다양한 대답 이 돌아왔습니다. 마케팅만 해도 이렇게나 폭이 넓은 것입니다.

척척박사병에 걸리면 생기는 일들

나에게 모든 마케팅 분야에 정통하느냐고 묻는다면 당연히 그 렇지 않습니다. 물론 그 중에는 내가 잘하는 분야도 있지만, 그 렇다고 해도 세계 최고 수준의 실력자라고 말할 수는 없습니다.

또한 내가 마케팅 전문가라고는 해도 사람들이 말하는 내용 중에서 나와는 전혀 해당되지 않는 것도 많습니다. 그러니 어디 가서 '내가 마케팅의 권위자입니다!'라고 말할 수가 없다는 결론입니다.

마케팅 분야에 종사하면서 '마케팅이라면 내게 맡겨줘!', '나는 마케팅이라면 뭐든 다 알아!'라고 자부하고 있으면 모르는 것이라도 모른다고 말하기 이려워 자신을 닫아버리게 됩니다. 잘 모르면서도 아무 말이든 떠들어 대는 태도, 이것이 바로 '척 척박사병'의 증상입니다.

자만에 빠져 있으면 자신에게는 없는 새로운 관점이 생기지 않습니다. 그러면 자연히 크리에이티브 사고는커녕 있는 지식도 소멸되기 쉽습니다.

특히 골치 아픈 점은 '척척박사병'에 한 번 걸리면 자기 자신은 절대로 눈치채지 못한다는 것입니다. 가령 주위 사람이 '너, 사실은 모르는 거 아냐?'라고 지적해도 본인은 그렇게 생각하지 않기 때문에 오히려 화를 내는 경우까지 생깁니다.

솔직히 고백하자면, 나도 이런 식으로 도리어 화를 낸 경험이 있습니다. 지금 돌이켜 생각해 보니 상대방에게 진심으로 미안하고 동시에 굉장히 창피한 일입니다. 그때는 오만이 하늘을 찌르는 상황이었기에 나의 본색이 탄로가 나도 벼락같이 화를 내며 나를 과대포장할 수밖에 없었습니다.

과거에 적반하장으로 화를 냈던 일을 반성하면서, 다시는 척척박사병에 걸리지 않기 위해, 그리고 나의 전문 분야를 더 넓은 관점에서 바라보기 위해 하고 있는 일이 있습니다. 시간을 내어 외부 강의를 하거나 블로그에 글을 쓰는 일이 그것입니다.

내가 가장 잘 안다고 생각하는 분야를 아무것도 모르는 사람들에게 설명하면서 '쓸데없이 전문용어를 남발하고 있지는 않은가?', '설명을 할 때 너무 지루하지는 않는가?' 등을 꼭 확인합니다. 이런 방법으로 노력하다 보면 알고 있다고 생각했던 일이 사실은 그렇지 않음을 깨닫는 일이 적잖게 일어납니다.

스스로 풍부하다고 느끼는 전문지식이 때로는 자신을 속박하는 족쇄가 된다는 사실을 잊지 마십시오. 같은 길을 몇십 년이나 걸어온 전문가라 할지라도 과거의 지식과 경험에 취해 있는 사람 중에는 초보자 때 처음 3년 정도 걸려서 익혔던 일을 주구장창 반복하고 있을 뿐인 사람도 적잖습니다.

누군가 나의 전문 분야를 질문해 올 때, 아는 범위 안에서 대답해 주는 것만으로도 충분합니다. 척척박사라도 되는 양 아무 말이나 내뱉는 것보다는 모르는 것은 모른다고 대답하는 태도가 오히려 전문가다운 풍모를 보이는 것입니다.

07

항상 입장을 바꿔 생각하라

자신의 틀로만 세상을 보는 사람

상사가 부하직원을 자기의 틀에 가두려는 경우가 종종 있습니다. 사람마다 일하는 방식이나 생각의 방향이 다른 법인데, 상사가 부하직원을 억지로 자기의 틀에 꿰맞추려 하는 것입니다.

상사는 자기만의 틀 안에서 직원을 평가하면서 '왜 저 친구는 나처럼 생각하지 못할까?', '왜 저 직원은 나처럼 일하지 않는 걸까?' 하고 생각하며 자신과 다른 부분들을 결점으로 바라봅니다.

문제는 한 번 이렇게 바라보기 시작하면 나만의 틀과 다른 사람은 신용할 수 없는 사람이 되어버려서 강한 개성을 가진 사람일수록 장점이라곤 하나도 없는 인간으로 보이게 된다는 것입니다.

당신이 바로 이런 상사라면 자기 혼자만 100점이고 나와 생각이 다른 사람은 모두 낙제점이라는 식의 아집을 버려야 비로소 자기 자신이 제대로 보인다는 점을 잊어서는 안 됩니다.

사람이 많이 모이면 주는 것 없이 미운 사람이 한두 명씩은 꼭 생기게 마련입니다. 그런 생각이 들기 시작하면, 그 사람을 신뢰하지 못해 그의 언동 하나하나가 신경 쓰이기 시작합니다.

게다가 말 한 마디, 행동 하나라도 모두 마음에 들지 않게 됩니다. 미운 사람에게 온갖 신경을 쓰다 보니 본래 집중해야 할 자기의 일에 의식을 집중하지 못하게 되는 일까지 생기고 맙니다.

여기서 지금까지 직장생활을 하며 종종 발생했던 부서 간의 불화에 대해 말해보겠습니다. 한 기업에서 BtoB Business to Business 영업을 하던 영업 부서와 마케팅 부서 사이에 갈등이 생기는 경우가 많았습니다.

마케팅 부서는 영업 부서에 '우리가 애써 만든 영업 기회를 너희들이 제대로 살리지 못하잖아!'라고 비판했습니다. 반면에 영업 부서는 마케팅 부서에 '그런 걸 하나하나 신경 쓸 시간이 없어!'라고 반박했습니다.

이 같은 현상은 어느 기업에서나 흔히 벌어지는 부서 간의 대립으로, 예컨대 사업부와 경리부의 경비에 대한 견해 차이, 마케팅부와 영업부의 판매 전략에 대한 의견 차이, 제조 파트와 판매 파트의 소비자 니즈와 상품의 성능에 대한 견해 차이 등 꼽으라면 끝이 없을 정도입니다.

오랜 시간에 걸쳐 대립이 반복되다 보니 처음부터 상대 부서에 있는 사람에 좋지 않은 편견이 생기고, 신뢰 관계가 전혀 구축되지 않는 경우가 많습니다. 소속 부서의 틀 안에서만 생각하다 보니 실랑이를 벌이는 내용이 전혀 건설적이지 않고, 매일 똑같은 싸움만 계속한다면 기업의 입장에서는 엄청난 손실입니다.

논의를 벌이는 일은 나쁘지 않습니다. 좋은 제품을 만들고 서비스를 개선하고 회사의 이익을 더 높이기 위한 목적을 가지고 함께 나아갈 때, 여러 부서가 서로 다른 의견을 개진하며 대립하는 일은 매우 크리에이티브적이라고 할 수 있습니다.

서로 다른 사람들이 부딪히면서 새로운 발상이 떠오르기도 합니다. 하지만 적어도 자신의 틀을 강요하지 않고 상대방을 알려고 하는 자세와 서로 신뢰하는 관계가 만들어져 있어야 가능한 이야기입니다.

입장을 바꿔 생각해 보자

직장생활을 오래 한 사람들 중에는 '몇십 년이나 이 업무를 해왔으니 뭐가 제일 좋은지는 내가 제일 잘 알아. 다른 부서 의견 따위는 들을 필요도 없어'라고 생각하는 경우가 반드시 있습니다.

이런 경우는 우물 안 개구리처럼 자기의 업무 밖으로 나가보지 않는 사람들로, 당신이 만약 이런 사람이라면 한 번만 입장을 바꿔서 다른 부서에서 자신의 일을 바라보기 바랍니다. 제삼자가 되어 자신을 살펴보라는 뜻입니다.

다시 말해서 우물 밖으로 나가서 자기가 그 동안 발을 딛고 서 있던 공간을 바라봐야 합니다. 이렇게 하면 다시 제자리로 돌아왔을 때는 이전보다 훨씬 시야가 넓어졌다고 느낄 것입니다. 여기서 중요한 일은 '제삼자의 눈'으로 바라보는 것입니다.

이런 일이 몇 차례 반복되면 상대방을 이해하고 신뢰를 다지는 일도 가능해질 것입니다. 전혀 다른 성질의 사람이나 사물을 바꿔보면 지금 나에게 보이는 것 이상의 뭔가가 새롭게 보이기 시작할 겁니다.

마이크로소프트는 일정 기간 동안 한 부서의 직원을 업무나 색깔이 전혀 다른 부서로 이동시키는 것으로 유명합니다. 기획 분야 담당 직원을 마케팅 팀으로 보내는 식입니다. 이는 한 부서가 가지고 있는 노하우나 아이디어를 다른 부서에도 공유하고자 하는 생각에서 시작했다고 합니다.

빌 게이츠는 이런 원칙이 처음엔 생각만큼 잘 되지 않았지만 점차 굉장한 성과를 거두게 되었다고 말합니다. 일정 시간 근무하는 동안에 본래 업무를 개선시킬 크리에이티브 사고를 쑥쑥 키울 수 있었기 때문입니다.

미국 영화 〈프리키 프라이데이 Freaky Friday〉는 엄마와 딸이 서로를 이해하지 못해 답답해하던 어느 날 난데없이 몸이 뒤바뀌게 된다는 이야기입니다.

정신은 그대로인 채 서로의 몸만 바뀌게 된 엄마와 딸은 조금씩 각자의 입장과 고충을 이해하게 됩니다. 그리고 이전의 모습으로 돌아온 두 사람은 이전보다 더 두터운 신뢰 관계를 쌓아 서로 협력하며 지내게 됩니다.

몸이 뒤바뀌는 일은 픽션이지만 입장을 바꿔보는 일은 그리 어렵지 않습니다. 딱 하루만이라도 다른 부서에 자리를 옮겨보면 내가 아닌 상대의 입장에서 세상을 바라보게 되니 시야가 확 넓어질 겁니다.

한곳에 고립되어 있으면 아무것도 생기지 않습니다. 다른 사람들의 관점을 이해하고, 신뢰할수록 재미있는 아이디어가 떠오르기 시작합니다.

나로부터 벗어나서 제삼자가 되어 세계를 바라보면 어제까지와는 전혀 다른 관점이 생기기 때문입니다. 크리에이티브 사고는 우물 안의 개구리같이 꽉 막힌 세계에서 지내는 사람에게는 영원히 생기지 않습니다.

08

여성적인 감각을 배워라

남성화를 신는 여자들

테크놀로지 업계에서 일하는 여성의 지위 향상을 위해 설립된 단체 '우먼 인 테크놀로지 재팬 Women in Technology Japan'의 리더 애니 챙 Annie Chang 씨가 나에게 이런 말을 한 적이 있습니다.

"여자들은 남성화를 신고 일할 수 있는데, 왜 남자들은 여성화를 신고 일하지 못할까요?"

애니 씨는 '비즈니스와 테크놀로지를 연결해야 한다, 그리고 그것을 여성이 맡아야 한다'는 일념을 바탕으로 테크놀로지 업계에서 일하는 여성과 해외에서 일본으로 들어와 일하는 동종 업계 여성들을 지원하는 활동을 하고 있습니다.

그동안 여러 기업에서 일하는 여성들을 지켜보던 애니 씨는 많은 여성들은 남성의 입장을 고려하며 생각하고 행동하려고 하지만 남성들은 가능, 불가능 여부를 떠나 여성의 입장에서 생각해 보려고 하지 않는다면서 위와 같은 이야기를 한 것입니다.

일본에는 남성과 같은 방식으로 일하는 여성들이 많습니다. 하지만 애니 씨는 그럼에도 불구하고 여성이라는 이유로 자유롭지 못하거나 부당한 대우를 받는 일을 많이 뵈왔던 것입니다.

주변의 여성들 이야기를 들어봐도 대부분 여성이라는 이유로 불쾌한 경험을 겪은 적이 있다고 말합니다. 그중에서도 극단적인 사례를 들어보면 어느 기업에 제품을 팔기 위해 방문 영업을 온 남성이 회의실에 들어온 여성을 보고는 '여성=경리'라고 제멋대로 착각해 이렇게 질문했습니다.

"오늘 담당자분은 부재중이신가요?"

눈앞에 서 있는 여성이 자신이 면담을 청한 담당자임에도 제멋대로 착각한 탓에 이런 질문을 하고 만 것입니다. 나는 이런 일이 일본에서 많이 일어난다고 생각하지만 해외에서도 비슷한 이야기를 종종 듣습니다.

미국 실리콘밸리의 테크놀로지 기업에서 일하는 여성 엔지니어 시모나는 입사한 지 한 달이 채 안 되는 후배 남성 사원 마크와 함께 신상품 전시회에 참가했습니다.

한참 일하고 있는데, 한 남성이 말을 걸어왔습니다. 그는 두 사람과 악수한 뒤에 마크에게 용건을 말하기 시작했습니다. 그는 마크가 상사이고, 옆에 있는 시모나가 부하직원이라고 생각한 것입니다. 마크에게 말을 거는 동안 그는 시모나에게 눈길조차 주지 않았고, 시모나는 어이없다는 표정으로 서 있었다고 합니다.

이제는 여성만의 크리에이티브 사고를 받아들일 때

일본 오라클에는 세계 47개국에서 온 7,000명 이상의 여성 사원들이 참가하는 '오라클 우먼스 리더십Oracle Women's Leadership' 이라는 조직이 있었는데, 여성의 리더십과 업무 기술 개발을 위해 설립된 것이었습니다. 그 조직의 일원이던 산타가타 마미코 씨가 이런 말을 했습니다.

"여기서 말하는 다양성을 이제 비로소 전부 이해했어요. 그런데, 그럼 나는 이제부터 뭘 하면 되는데요?"

그녀는 머릿속으로 내용을 이해했어도 구체적으로 어떤 행동을 하면 되는지 모르겠다고 고백하고 있었습니다.

내가 지금까지 일해온 기업들은 대부분 여성들이 적극적으로 활약하는 환경이었습니다. 그렇기에 자연스럽게 여성들의 뛰어난 부분을 접할 기회가 많았습니다.

많은 여성들이 정말 뛰어난 힘을 가지고 있었으며, 통찰력 또한 남성보다 한 수 위라고 느낄 때가 많았습니다. 특히 여성들이 가진 능력은 크리에이티브 사고를 개발하고 반전시키기 위한 힌트가 되었습니다. 여기서 여성이 남성보다 더 뛰어난 능력 중에서 크리에이티브 사고와 관련이 있는 4가지 힘을 소개해 보겠습니다.

① 풍부한 색채감

영국 출신의 인류학자 로빈 던바Robin Dunbar는 《진화심리학이 밝히는 관계의 메커니즘How Many Friends Does One Person Need?》이라는 책에서 남성은 빨강, 파랑, 초록의 3원색으로 세상을 보는 반면에 여성의 3분의 1은 4가지 기본색으로 세상을 보고, 5개의 기본색으로 보는 여성도 있다고 말합니다.

그렇다는 것은, 여성은 색조를 정교하게 구별할 수 있어서 남성보다 풍부한 색채로 가득한 세상에 살고 있다는 뜻입니다. 광고나 제품 개발 등 섬세한 색상 차이가 중요시되는 일에 여성들이 많은 이유도 이해가 갑니다.

② 거짓말을 간파하는 능력

여성은 인간의 얼굴에 있는 43개의 표정근의 움직임을 면밀하게 구별할 수 있다고 합니다. 이 능력을 이용해서 인간이 보내는 작은 신호를 파악할 수 있다는 것입니다.

예를 들어 대화를 나누는 중에 상대방의 표정에 의욕이 없어 보이면 그 자리에서 상대에게 힘을 주는 말을 건넬 수도 있습니다. 그리고 상대방의 문제를 파악해 상황에 따라 설득하는 일도 가능합니다.

여성은 이러한 능력을 바탕으로 업무 중에 파트너의 얼굴만 보고도 뭔가 숨기고 있는 게 있다, 거짓말을 한다 같은 은밀한 표정을 간파할 수 있다고 합니다. 당연히 이런 능력은 조직을 이끄는 리더나 커뮤니티 관리 등의 일에 큰 도움이 됩니다.

③ 미소로 감사하기

7년 전에 있었던 일입니다. 일본 에이서의 동료였던 나이토 가오루 씨가 자료를 만들던 중에 나에게 도움을 구했습니다.

"세토 씨, 이 프로젝트 좀 도와주시겠어요?"

당시 나는 굉장히 바빴지만 그녀의 청을 거절할 수가 없어 들어주게 되었습니다. 다음 날 그녀는 나를 보자마자 아주 근사한 미소와 함께 고마웠다고 말했습니다.

그 순간, 나는 마음속에서 따뜻한 뭔가가 퍼져나가는 것을 느꼈습니다. 그런 느낌은 일을 해나가는 데 있어 커다란 응원이 되어주었고, 좀 더 느긋하고 관대하게 사람들을 대하는 계기가 되었습니다.

④ 고정관념에 따르지 않는다

페이스북의 최고 운영 책임자인 셰릴 샌드버그Sheryl Sandberg는 자신의 저서에서 이렇게 말했습니다.

"인간은 스테레오 타입(성별, 인종, 국적, 나이 등)에 따라 타인을 판단한다. 예를 들어 남성의 스테레오 타입은 아직까지도 한 집안의 기둥, 판단력이 있는, 지휘권을 잡는 사람이라는 식이다. 여성은 가사, 육아, 꼼꼼한, 헌신적인 사람 등이다. 이렇게 남자와 여자는 대조적인 성격을 부여받고 있으며 일로 성공하기 위한 다양한 자질은 모두 남자의 특성으로 분류되곤 한다."

일본 사회는 '여자는 이래야만 한다'는 풍조가 강한 탓에 가정이나 직장에서도 그런 분위기가 압도하고 있습니다. 조금 더 극단적으로 말하면 여성의 입장에서는 그러한 전통에 예속되어 행동하는 편이 오히려 마음이 편할 때도 있습니다.

하지만 과거부터 만들어져 온 여성스러움이라는 울타리 안에서 위축되거나 때로는 '여자니까 안 돼', '어차피 여자니까'라며 포기해 버리면 스스로를 제한하는 것이 됩니다.

다행스럽게도 이러한 의식에서 벗어나려는 여성들이 점점 늘어나면서 조직이 정해놓은 고리타분한 관념이나 행동 양식에 저항하는 여성들 또한 늘어나고 있습니다.

그렇게 행동하는 여성들이 늘어나고 있다는 것은 조직에 새 바람을 불어넣는 것이기에 남성들에게도 동기부여가 된다는 장점이 있습니다. 오늘날 많은 기업의 임원들 중에 여성들이 늘어나는 이유도 바로 이 때문일 것입니다.

하이힐을 신은 남자

지금까지 크리에이티브 사고와 관계가 있다고 생각되는 여성의 특징에 대해 알아보았습니다. 어디까지나 나의 개인적인 견해지만, 이 4가지는 여성이 남성보다 특별하다고 생각되는 부분으로 아마 타고난 요소가 아닐까 합니다.

물론 남성들 중에도 이런 특징을 가진 사람이 상당히 많습니다. 그런 사람들은 분명 자기 삶의 많은 영역에서 크리에이티브적인 사고를 자유롭게 활용하고 있을 것입니다.

"여자들은 남성화를 신고 일할 수 있는데, 왜 남자들은 여성화를 신고 일하지 못하지?"

이런 말을 듣고 '남자 체면이 있지……'라고 생각한다면 매우 안타까운 일입니다. 고리타분한 편견에 발이 묶여서 새로운 발상을 하지 못한다면 크리에이티브와는 거리가 먼 생활을 거듭할 수밖에 없습니다.

이러한 여성의 특징을 이해하면 여성들과 더 멋진 비즈니스 파트너가 될 수 있다는 점에서, 남성들은 여성들의 특성을 더 많이 배워둘 필요가 있습니다.

세상의 이런 흐름에 주목하면서 '여성들의 좋은 부분을 배워 보자', '여성들이 더 잘하는 분야를 믿고 맡겨보자'고 생각하는 당찬 남자가 되면 어떨까요? 여기서 한 걸음 더 나아가 남자들도 하이힐을 신어보면 어떨까요?

09

약점을 극복하려고
애쓰지 마라

당신의 강점은 무엇입니까?

당신의 강점이 무엇이냐고 묻는 질문에 곧바로 대답하지 못하고 고민에 빠지는 사람이 의외로 많습니다. 다음 그림은 미국 갤럽Gallup의 조사 결과로, 비즈니스맨들이 얼마나 평소에 자신의 강점을 살리지 못하고 있는지를 보여주고 있습니다.

미국, 중국, 인도, 영국, 일본, 독일, 프랑스, 캐나다 등 8개국의 비즈니스맨들을 대상으로 일상 업무에 자신의 강점을 살리고 있는 사람을 조사했더니 평균 23%밖에 되지 않았습니다.

국가별로 살펴보면 인도가 36%로 가장 높고, 미국 32%, 캐

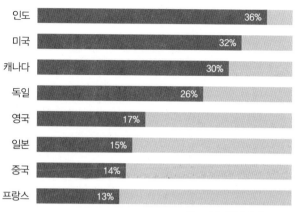

나다 30%, 그리고 일본은 겨우 15%였습니다. 다시 말해서 일본인의 85%는 자신의 강점을 충분히 발휘하지 못한 채 일상 업무를 하고 있다는 얘기입니다.

여기서 주목할 점은 중국이 14%, 프랑스가 13%로 그 뒤를 잇고 있다는 점입니다. 특히 프랑스는 독일이나 영국 같은 유럽의 강국들 중에서 맨 뒷자리를 차지하고 있다는 점에서 주목을 끕니다.

갤럽의 조사 결과를 바라본 사회학자들은 '이것은 매우 우려해야 하는 사태'라고 말했습니다. 자신이 진정으로 좋아하는 일에 종사하는 사람은 극소수일지도 모릅니다. 원하는 회사에 들어갔어도 일하게 된 부서의 업무가 취향에 맞지 않을지도 모릅니다.

하지만 적어도 현재 자신의 일을 하면서 강점을 발견하거나 만들어 갈 수는 있는데, 8개국 중에 1등을 한 인도조차도 36% 밖에 안 된다는 점에서 시사하는 점이 아주 많습니다.

나는 특별히 마케팅 분야에 강점이 있는 사람이 아니었습니다. 조금 관심이 있는 분야이기는 했지만, 처음에는 고생도 많이 하고 잦은 실수 때문에 주변에 민폐를 끼치는 일도 많았습니다. 그러면서 차츰 마케팅이 나의 강점이 되어갔습니다.

자신의 강점을 살려서 일하고 있지 않다는 것은 자신감이라곤 하나도 없는 분야의 서비스를 고객에게 제공하고 있다는 이야기일지도 모릅니다. 그것은 무엇보다 본인에게 전혀 유쾌한 일이 아닐 것입니다.

다음 그림 7은 이를 뒷받침하는 자료입니다. 강점 심리학의 아버지라 불리는 전 갤럽 회장 도널드 클리프턴 Donald O. Clifton 박사가 이끄는 연구팀은 글로벌 리더 등 업계에서 지도적인 위치에 있는 리더 2만 명에게 각각 90분간 인터뷰를 진행했습

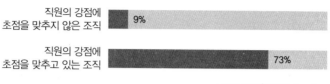

니다.

 분석 결과, 리더가 직원의 강점에 초점을 맞추지 않은 조직에서는 직원이 일에 대한 열정을 가질 가능성이 9%, 반대로 강점에 초점을 맞추고 있는 경우에는 73%나 된다는 결론을 내렸습니다.

 갤럽이 연구한 결과에 따르면, 인간은 약점에 초점을 맞추면 자신감을 잃어버리고 반대로 자신의 강점에 대해 상세히 이해하면 자신감이 대폭 상승한다고 합니다. 달리 말하면, 조직 전체가 강점을 살리기 위해 노력하면 그것은 곧 기업의 생산성 향상으로 이어진다는 이야기입니다.

 또한 이것은 기업이나 개인이 강점을 살리기보다 약점을 개선하는 일에 주력하면 역효과를 부를 수도 있다는 사실을 말해줍니다.

하지만 이 조사에 따르면 상사의 68%가 부하직원의 약점 개선에 주력해야 업무 능력을 최대한 발휘할 수 있다고 생각하고 있습니다. 이는 부족한 점을 채워주고 없는 부분을 개발하면 능력이 상승한다는 믿음에서 온 결과입니다.

그러나 얄궂게도 회사가 직원들의 약점 보완에 주력할수록 전체 능력은 27%나 저하됩니다. 반대로 강점에 주력하면 직원의 전체 능력은 36%나 향상됩니다.

약점을 극복하고 있을 시간은 없다

앞으로 컴퓨터가 일을 대체하고 일하는 방식과 인간에게 요구되는 일이 급변하는 미래사회에서, 내가 가진 기술이 내일도 필요할 것이라는 보장은 없습니다. 전문가들은 앞으로 10년 뒤에는 현재 인간이 가지고 있는 기술의 3분의 1이 쓸모없어질 것이라고 합니다.

그러니 우리가 지금 당장 해야 할 일은 현재 가지고 있는 기술 중에서 인간만이 발휘할 수 있는 힘을 강화하면서 앞으로 다가올 사회에서 필요할 기술을 습득하는 일이 아닐까 합니다.

우리는 언제나 최신 정보를 접하고 방대한 정보를 읽거나 듣거나 해야 하는 사회에 살고 있습니다. 기술이 진보함에 따라 어제까지 나에게 약점이 되었던 부분이 언제 강점으로 바뀔지 모르는 일입니다.

이런 상황이니 '나는 왜 안 될까?' 하는 부정적인 감정은 약점을 극복하는 일에 방해가 될 수 있습니다. 크리에이티브 사고는 하늘에서 별을 따듯 얻어지는 게 아니라 자신이 전문으로 하는 분야의 지식에서 나오는 것입니다. 그러니 지금 가지고 있는 기술을 더 갈고닦는 가운데 크리에이티브 사고가 찾아오게 되는 것입니다.

아인슈타인은 자신이 하는 일을 '조합 놀이'라고 말했다고 합니다. 자기의 자질을 퍼즐을 맞추듯이 조합하는 일이야말로 크리에이티브 사고를 발휘하기 위한 지름길이라는 이야기일 것입니다.

자신이 잘하는 일들을 이리저리 조합해 보면 얻을 수 있는 지식의 종류는 기하급수적으로 늘어나고, 지금까지 떠오르지 않았던 생각으로 이어질 가능성이 커집니다. 그런 의미에서 아인슈타인은 '조합 놀이'라고 말했을 것입니다.

나도 한때는 '당신의 강점은?'이라는 질문에 곧바로 답하지 못했습니다. 그런데 어느 날 문득 본업 이외의 활동을 해보면 어떨까 하는 생각이 떠올랐습니다.

자기의 일에 너무 몰두해 있으면 자기만의 우물에 빠질 우려가 있습니다. 시야를 넓히기 위해서는 본업 이외의 활동을 통해 한 걸음 물러나서 자신의 일을 조합해 볼 필요가 있습니다. 한 걸음 물러나 엉뚱한 일을 해보는 것, 사실 이 방법이 수많은 위대한 발명가들이 획기적인 아이디어를 찾아냈던 노하우이기도 합니다.

나 자신에 관한 설문 조사

지금의 내 모습은 내가 지니고 있는 강점들을 최대로 표현한 결과라고 할 수 있습니다. 만약 그 결과가 마음에 들지 않는다면, 스스로 깨닫지 못한 자신의 문제를 다른 사람에게 물어보는 것이 좋습니다.

정기적으로 다른 사람이 바라보는 나의 모습이 어떤지 확인해 보면 자신이 키워나가야 할 강점과 버리거나 고쳐야 할 단점이 무엇인지 이해하는 데 도움이 될 것입니다.

특히 사회 경험이 별로 없는 사람은 자신의 강점을 스스로 잘 발견하지 못합니다. 그럴 때는 지금 하는 일은 무엇이고, 관심 있는 일은 또 무엇인지를 기회가 있을 때마다 주변에 알리는 것이 좋습니다.

이런 일이 반복되면 당신에 대해, 그리고 당신의 강점에 대해 누군가 말하는 일이 생기고, 그것을 높이 사서 손을 내미는 일도 생길 것입니다.

테크놀로지 기업에 다니던 어떤 사람은 회사를 그만두면서 함께 일해온 사람들에게 '나 자신에 대한 설문 조사'를 실시했다고 합니다. 예를 들면 이렇습니다.

"나의 어떤 부분이 믿음직스러웠나요? 그렇게 생각하는 이유는 뭔가요?"

"나에게 제일 부족했던 점은 무엇이었나요? 왜 그렇게 생각하나요?"

그는 회사를 그만두는 사람에게는 협조적인 태도를 보이게 된다는 심리를 이용해서 피드백을 받는 것이 목적이었다고 말했습니다. '그거 참 좋은 아이디어로군!' 하고 생각해서 나도 이직할 때마다 써먹고 있습니다.

다른 사람에게 나의 강점을 물어보면, 사람들은 흔히 자신이 가지고 있지 않은 부분을 더 주목해서 보기 때문에 내가 생각하는 강점과 일치하지 않을 수도 있습니다. 그래서 다른 사람에게 받는 피드백이 더 가치 있는 것입니다.

이런 식의 설문 조사를 반복하다 보면, 강점으로 밀고 나가야 하는 부분과 다른 사람에게 맡기는 편이 나은 부분이 조금씩 보이기 시작합니다.

나만의 강점을 잘 모를 때는 이런 식으로 다른 사람에게 물어보는 것도 좋은 아이디어입니다. 혼자 끙끙 앓으며 고민해 봤자 이미 알고 있는 점들만 떠오르기 때문입니다. 당신만의 질문법을 생각해 보기 바랍니다.

앞에서 약점 극복을 위해 쏟는 에너지는 오히려 크리에이티브 사고의 방해 요소가 될 수도 있음을 이야기했습니다. 그러니 자기가 잘 모르는 자신의 강점을 파악하는 일부터 시작해 보기 바랍니다.

10

언제 어디서든
근본으로 돌아가라

중국인들의 일하는 방식

글로벌화 시대를 살아가기 위해 타국의 문화를 배워야 한다는 말은 절대로 틀린 이야기가 아니지만, 자기 나라의 문화를 제대로 알고 있지 않으면 결국 이문화도 깊이 이해할 수 없다는 사실을 알아야 합니다.

자국의 문화를 속속들이 배워야 다문화 속에서 대화의 폭이 넓어지고, 서로 자극을 주고받을 수 있기 때문입니다. 또한 자신에게는 없는 관점을 배우기 위해서도 이런 태도가 반드시 필요한 일입니다.

등잔 밑이 어둡다는 말이 있듯이 하나의 문화 속에서만 생활해 온 사람들은 자국의 문화적 특징을 잘 의식하지 못합니다. 너무 당연해서 의식조차 하지 못한 채 살아왔기 때문입니다.

나는 젊은 시절에 중국 다롄에서 1년간 생활했던 적이 있습니다. 이웃 나라지만 교과서로만 접했던 중국 문화를 실제로 체험할 생각에 들떠서 바다를 건넜던 기억이 납니다. 당시에는 미국의 컴퓨터 회사인 델이 아시아 태평양 전체 프로젝트를 중국에서 진행했기 때문에 중국을 포함한 10개국 이상의 나라에서 모인 다양한 인재들로 구성된 팀에서 일하고 있었습니다.

나의 첫 외국 생활이 3개월 정도 지났을 무렵, 문득 깨달았습니다. 나의 개인적인 느낌이긴 하지만 중국인들은 회사에 대한 충성심보다 급여를 우선시하는 경향이 있었습니다. 반대로 나는 '왜 일본인들은 회사에 대한 충성심이 그렇게 강할까?'라는 생각을 하게 되었습니다.

어느 날 한 중국인 사원이 회사를 그만두겠다는 말을 꺼냈습니다. 그녀는 업무를 이해하고 수행하는 능력이 무척 뛰어났기에 나는 그녀와 함께 계속 일하고 싶은 마음이 컸습니다. 이런저런 방법으로 설득했지만, 그녀는 1년 동안의 회사 생활에 종지부를 찍은 바로 다음 주에 곧바로 델의 경쟁 기업인 휴렛

팩커드ᴴᴾ로 이직하고 말았습니다.

캐나다인인 아내와 대화하면서 이런 일도 있었습니다. 아내가 일본어를 배우기 시작했을 무렵인데, 일본어 선생님에게 '違う'라는 일본어가 영어로 'Different'와 'Wrong'에 해당한다고 배웠다고 말했습니다. 그러면서 아내가 나에게 이렇게 말했습니다.

"그러니까 일본인은 다른 사람과 '다르다Different'는 것은 '틀렸다Wrong'고 생각한다는 얘기네."

이 말을 듣고, 나는 처음으로 '다르다'와 '틀리다'가 일본어로 같은 말이었나 하는 생각과 함께 평소에 익숙하게 쓰던 일본어를 다시 생각해 보게 되었습니다.

이처럼 다른 나라 사람들과 관계할수록 내가 살아온 일본이라는 나라를 다시 바라보게 되었습니다. 그렇다는 것은, 일본 밖에서 일본의 문화를 들여다보면 일본을 더욱 강하게 의식하게 된다는 이야기입니다.

중국에서 생활할 때도 중국 문화를 본격적으로 배울 수 있다는 기대로 가득 차 있었지만 결국 그곳에서 배운 것은 다름 아닌 일본 문화였습니다. 중국 문화와 일본 문화를 비교해 보면서 일본의 문화를 좀 더 진지하게 돌아볼 수 있었던 것입니다.

외국인과 소통할 때 나에게 당연한 일이 상대에게는 당연하지 않을 수도 있다는 점을 항상 염두에 두어야 합니다. 이 사실을 자각하고 있으면 소통이 잘되지 않더라도 너그러워질 수 있습니다.

남의 잘못이 아니라 서로의 문화에 따른 가치관 차이 때문이라고 생각할 수 있게 되니 말입니다. 또한 나의 사고방식이 만국 공통이 아니라고 생각하면 남에게 내 생각을 강요하지 않게 됩니다.

그리고 또 한 가지, 상대에 대해 알고 싶다면 내가 먼저 나에 대해 알리는 것이 예의입니다. 그래야 상대방도 나를 더 알아주었으면 하는 마음이 들게 됩니다.

상대의 문화를 알려고 한다면 자국 문화를 상대방이 이해하도록 설명할 수 있는 정확한 지식을 갖추고 있어야 합니다. 해외에 대한 관심과 야심이 뛰어난 사람일수록 하기 쉬운 실수는 상대의 문화를 알기 전에 자국의 문화를 설명할 수 있는 지식이 필요하다는 점을 깨닫지 못하는 것입니다.

커뮤니케이션의 근본은 확실한 전달이다

미국에서 태어나고 자라면서 MBA를 취득한 내 친구는 모험심이 강한 청년으로, 스물네 살 때 2년 동안에 걸쳐 세계 일주를 경험한 후 일본 기업에 취직하게 되었습니다.

그는 취직하자마자 미국 출신답게 최고경영자도 참석하는 회의에 들어가 적극적으로 의견을 내는 등 자유분방한 태도를 보였습니다. 그에게 '회의'란 소신껏 의견을 나누는 자리라는 인식이 있었기 때문입니다.

그러나 회의에 동석한 사람들은 그를 따가운 시선으로 바라보거나 어처구니가 없다는 표정을 지었습니다. 이윽고 그는 이런 상황에 몹시 당황했습니다. 나중에 이 일에 대해 동료에게 물어보니, 이런 답이 돌아왔다고 합니다.

"우리 회사는 원래 본회의가 열리기 전에 담당자들끼리 사전 회의가 열려서 본회의 때는 이미 의사결정이 모두 끝난 상태야. 본회의는 하나의 추인 절차라고 할 수 있지."

이러니 본회의에서 의견을 내며 왈가왈부하는 일은 당치도 않은 행동이었습니다. 그는 일본 특유의 커뮤니케이션 방법을 알수록 미국은 이럴 때 어떻게 하더라 하는 생각을 하게 되어 자국 문화를 더 의식하게 되었다고 합니다.

일본에는 기업에서의 이런 소통법말고도 타인과의 관계에
서 '호흡을 맞추다, 행간을 읽다, 말하지 않아도 안다' 같은 감각
이 있어 외부인으로서는 알 길이 없는 은밀한 커뮤니케이션 방
식이 있습니다. 여기서 실제로 글로벌 기업에서 근무할 당시에
미국인 상사와 대화하면서 겪은 실패담을 소개해 보겠습니다.

상사   지난 일주일 동안 매출이 갑자기 15%나 떨어졌는데 이유가 뭔지
　　　　조사해 보세요.

나   그 건은 어제 보고드렸는데, 추가할 내용이 또 있나요?

상사   다음 주에 임원 회의가 있어서, 외부 요인을 좀 더 자세히 파악하
　　　　고 싶어서 그러니 오늘 중으로 해주게.

나   사실 오늘 저는 하루 종일 다른 문제를 처리해야 해서 짬을 낼 수
　　　　가 없는데……. 일단 노력해 보겠습니다…….

상사   고마워!

나   감사합니다(상사가 말한 기한까지는 어렵다는 말이 잘 전달되지 않았는데……).

　　　　(몇 시간 후)

나   죄송한데요, 내일 아침까지 드려도 괜찮을까요?

상사   뭐라고!? 오늘 중으로 해주는 거 아니었어? 오늘 퇴근하기 전에
　　　　보려고 했는데…….

나   (분명 어렵다고 말했는데, 그 말은 하지 못하고) 최대한 빨리 메일 보내드릴

나는 상사에게 미움을 받고 싶지 않다는 생각에 '불가능합니다'라는 말을 일본인 특유의 화법으로 애매모호하게 말했습니다. 그러나 미국인 상사는 결과가 나오지 않았기 때문에 지시한 내용이 제대로 전달되지 못했다면서 나를 소통이 안 되는 사람이라고 생각했을 것입니다.

이것은 분명히 나의 실수였습니다. 외국인 상사나 동료에게는 되도록 구체적이고 명확한 말로 전달해야 한다는 걸 알고 있으면서도 그렇게 하지 못했기 때문입니다. 상대방의 문화도, 나의 문화도 잘 알고 있다고 생각했는데 역시나 내 안에 배어 있는 습관이 모습을 드러낸 것입니다.

내 친구는 호주 출신의 30대 남자로 10년 가까이 개인적으로나 사업적인 측면에서도 일본과 관계를 맺어온 사람입니다. 그는 이렇게 말합니다.

"나는 일본인들이 불분명하게 내뱉는 'Yes'라는 말을 곧이 곧대로 믿지 않아."

무슨 얘기냐 하면, 일본인들이 속으로는 마음에 들지 않아도 겉으로는 어물쩍 넘기면서 'Yes'라고 표현한다는 것입니다. 그래서 그는 일본인들과 대화할 때는 최소한 세 번은 확인한다고 합니다.

계속해서 같은 질문을 하면 상대방이 불쾌할 수 있기 때문에 그 부분을 잘 궁리해서 기분 나쁘지 않게 확인하는 것이 그의 커뮤니케이션 기술입니다.

누군가에게 자신의 의사를 전달할 때도 분명하고 간결한 말투로 말을 하는 것이 그의 대화법입니다. 커뮤니케이션의 근본은 확실한 전달입니다. 혹시 당신에게 애매하고 불분명하게 말하는 습관이 있다면 최대한 간결하게 말하는 습관을 가질 수 있게 노력하기 바랍니다.

맛있는 커피 설명하기

조직행동학의 세계적 권위자 에린 마이어Erin Meyer 박사는 자신의 책《규칙 없음No Rules Rules》에서 자라온 환경이나 가치관이 다른 사람과 일하면서 오해 없이 신뢰를 쌓을 수 있는 기술을 소개합니다.

이 책에는 26개국의 커뮤니케이션 방식이 '하이콘텍스트'인지 '로우콘텍스트'인지를 구분한 분포도가 실려 있습니다. 여기서 말하는 '콘텍스트 context'란 커뮤니케이션의 토대가 되는 공통 문맥과 지식, 가치관 등을 가리킵니다.

콘텍스트에 크게 의존하는 경우를 '하이콘텍스트'라고 표현하며, 일본처럼 공통적으로 공유하는 비언어적 맥락에 따라 서로를 이해하는 문화를 뜻합니다.

반대로 '로우콘텍스트'는 콘텍스트의 의존도가 낮으며 언어적 커뮤니케이션에 중점을 둔 문화를 가리킵니다. 가장 로우콘텍스트인 나라인 미국, 캐나다, 호주가 생각하는 이상적인 커뮤니케이션은 액면 그대로 전달하고 액면 그대로 받아들이는 방식입니다. 뻔한 이야기라도 명확하게 말로 표현하는 것입니다.

반면에 가장 하이콘텍스트인 나라는 일본입니다. 일본이 생각하는 이상적인 커뮤니케이션은 섬세하고 함축적이며, 대화는 에둘러 전달하고 에둘러 알아듣는 방식입니다. 그래서 마이어 박사는 일본인들은 이야기를 넌지시 전하는 일이 많고, 확실하게 입 밖으로 꺼내는 일이 좀처럼 없다고 말합니다.

예를 들어 나는 캐나다인 아내와 대화할 때나 호주 사람인 상사와 대화할 때 'A니까 Z겠지!'처럼 B에서 Y를 생략하는 방식으로 말하지 않도록 주의합니다. 왜냐하면 사람에 따라 다르게 해석할 여지가 있기 때문입니다.

생각하는 내용을 중간에 생략하지 않고 'A는 B이고, B는 C이니까'라고 순서대로 설명하면서 '그래서 Z가 되는 거야'라는 식으로 대화하는 방식이 소통을 더 명확히 한다는 걸 알기 때문입니다. 이런 식으로 커뮤니케이션을 하면 언뜻 보기에는 시간이 오래 걸릴 것처럼 보일 수도 있지만 생각한 과정을 순서대로 말하는 편이 결과적으로는 커뮤니케이션을 간결하게 하는 효과가 있습니다.

내 친구 중에 카페를 운영하고 있는 사카오 아쓰시라는 사람이 있습니다. 어느 날 커피를 잘 마시지 못하는 내게 사카오가 케냐산 커피를 추천해 주었습니다.

그날의 케냐산 커피는 그동안 생각해 온 '커피=쓰기만 하고 맛있는지 모르겠다'는 이미지를 완전히 바꿔놓았습니다. 맛은 매일 마시는 홍차와 비슷한 느낌이어서 아주 편안하게 마실 수 있었습니다. 이런 이야기를 일본인에게 할 때 나는 이렇게 말합니다.

"쓰지 않은 커피는 홍차 같아서 정말 맛있더라! 무슨 말인지 알지?"

이렇게만 얘기해도 일본에서는 '오케이, 그거 잘 알지!'라고 금방 통하게 됩니다. 그러나 '그거, 알지!'라고 답할 때의 '그거'를 가장 로우콘텍스트인 나라인 미국, 캐나다, 호주 사람들에게 설명할 때는 이렇게 말을 해야 합니다.

"내가 쓰지 않고 맛있는 케냐산 커피를 마셔봤는데, 그 커피가 어떤 거냐면 생두를 볶을 때 DTR이 12.4%에 수분을 11.5% 낮춰서MOI 물 100%에 대한 커피 추출 농도TDS를 1.35%에 맞춘거야. 그리고 1.35%를 만들기 위해서 13g의 원두를 쓰고DOSE, 215g의 물을 부어서BW 총 2분 45초 전후로 드립을 했더니TIME 쓰지 않고 맛있는 커피가 되더라."

커피를 좋아하는 분이라면 알고 있을지 모르겠지만, 일단 설명을 덧붙이자면 DTR은 'Development time ratio'의 약자로, 원두를 볶을 때 수분이 날아가면서 커피의 성분, 요컨대 카페인이나 설탕, 포도당, 클로로겐산 등의 물질이 열로 인해 화학적으로 변화하는 총 로스팅 시간에 대한 비율을 뜻합니다.

MOI는 'Moisture loss'로 로스팅 하면서 사라지는 수분의 비율이고, TDS는 'Total dissolved solids'로 커피의 농도를 나타냅니다. BW는 'Brewing weight'로 추출할 때 필요한 물의 양, DOSE는 커피 가루의 양을 뜻합니다.

로우콘텍스트 문화의 사람에게 '그거'를 설명하기 위해서는 이렇게 많은 단어들이 동원된다는 이야기입니다. 반면에 일본이라면 '그거', '저거'와 같이 의미를 포괄하는 단 두 글자만 있으면 커뮤니케이션을 할 수 있습니다. 이것이 바로 진짜 고도의 커뮤니케이션을 요구하는 하이콘텍스트 문화인 셈입니다.

이 이야기의 결론은 자신의 문화에 대한 이해와 더불어 글로벌 시대일수록 자기 나라를 먼저 아는 일부터 시작하자는 것입니다. 그것이 결국에는 다른 나라를 이해하는 데 도움이 될 것입니다. 이러한 자세는 자기에게는 없는 관점을 기르기 위해서도 중요하고, 그런 과정에서 틀림없이 크리에이티브 사고를 기를 수 있게 될 것입니다.

11

상자 밖에서
생각하라

미국인에겐 불편한 바퀴벌레 끈끈이

조직의 목표가 오로지 생산성 향상에만 집중되어 있다면 단일 문화권에 있는 사람들이 성과를 올리기가 훨씬 더 쉬울 것입니다. 서로의 문화를 이해하고 있는 사람들이 모여 있으니 시간이 절약되기 때문입니다.

하지만 목표가 크리에이티브 사고의 향상에 있다면 문화를 넘나드는 태도가 더 좋습니다. 성별, 국적 등이 다양할수록 다른 관점과 만날 기회가 늘어나기 때문이고, 그런 과정에서 세상을 새롭게 보는 눈이 생기기 때문입니다.

나는 일본 에이서에 일할 때 주로 넷북Netbook이라는 제품의 프로젝트를 담당했습니다. 스마트폰 같은 작고 제한적인 단말기와 노트북의 장점을 절충한 장치로 만들어진 넷북은 기능을 최대한 줄이면서 가격대를 낮춘 제품으로서 인터넷 신흥국을 타깃으로 만든 제품이었습니다.

이전부터도 작은 노트북을 만들려고 하는 기업은 많았지만 넷북이라는 상품을 만들고 이런 종류의 기기가 붐을 이루게 터전을 닦은 면에서 에이서가 단연 돋보였습니다.

처음 넷북을 일본 시장에 도입하는 작전 회의를 열자 동료 일본인들은 하나같이 넷북은 성능이 너무 제한되어 일본 시장에서 성공할 리가 없다며 도입을 망설였습니다. 그때 대만인 사원이 이런 말을 꺼냈습니다.

"일본인들은 컴퓨터를 할 때 뭘 하면서 시간을 제일 많이 보내나요?"

조사해 보니 일본에는 인터넷을 하기 위해 컴퓨터를 사용하는 사람이 대다수였습니다. 그렇다면 인터넷에 최적화된 넷북으로 승부를 걸어도 되겠다는 믿음을 갖고, 우리는 본격적으로 넷북을 일본 시장에서 발매하기로 했습니다. 그 결과 인터넷 환경이 이미 잘 갖춰져 있던 일본은 전 세계에서 넷북이 가장 많이 팔린 나라가 되었습니다.

1960년대에 마쓰시타공업이 출시한 전자동 세탁기는 오랫동안 히트 상품이었습니다. 일본에서의 대인기에 힘입어 해외 진출을 결심했고 90년대에 들어서자 세계적인 인구 대국인 인도에서도 판매를 시작했습니다. 그런데 예상외로 전혀 팔리지 않았습니다.

이유는 엉뚱한 데서 발생했습니다. 인도에서는 정전이 자주 일어납니다. 정전이 날 때마다 세탁기 전원을 다시 켜면 또다시 세탁 모드부터 시작됩니다. 그러면 시간이 오래 걸릴 뿐 아니라 수도비, 전기비도 많이 나오기 때문에 효율이 나쁜 상품이라는 소문이 났던 것입니다.

그 뒤 마쓰시타공업은 정전에서 복구된 뒤에 다시 전원을 켜도 정전 직전의 상태에서 세탁이 재개되도록 하는 기능을 개발했지만 일본에서의 성공만큼 명성을 얻지는 못했습니다. 그간의 공백으로 인해 인도 시장에도 많은 변화가 있었던 것입니다.

비슷한 사례로, 일본에서는 인기인 바퀴벌레 끈끈이가 미국에서는 생각보다 잘 팔리지 않았습니다. 작고 간편한 제품이

왜 팔리지 않았을까요? 원인은 일본인과 미국인의 손 크기였습니다. 일본인보다 손이 훨씬 큰 미국인들은 바퀴벌레 끈끈이를 조립하기가 쉽지 않았던 것입니다.

나라가 다르면 가치관도 다릅니다. 일본에서 통하는 상품이 다른 나라에 가면 전혀 통하지 않는 경우가 흔한 이유는 가치관이 다르기 때문입니다. 이것을 이해하지 못하면 비즈니스는 통하지 않을 것입니다.

상식에 의문을 품으라는 말도 있지만, 실제로는 정말로 어려운 일입니다. 나고 자란 나라의 가치관에서 벗어나기란 쉬운 일이 아니라는 뜻입니다. 그럼에도 '기존의 생각에 얽매이지 말라'는 말은 크리에이티브 사고를 잊지 않기 위해 매일 스마트폰에 알람 설정을 해둬야 할 정도로 중요합니다.

상자 밖에서 생각하라

크리에이티브 사고를 자극하는 '9개의 점 퍼즐'이라는 고전적인 퀴즈가 있습니다. 3×3의 점으로 만들어진 정사각형이 있습니다. 그리고 4개의 직선을 한 번에 그려 모든 점을 연결하라는 문제입니다.

그림 8 9개의 점 퍼즐

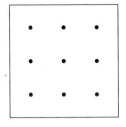
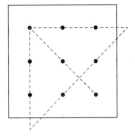

위의 그림처럼 선을 정사각형 밖으로 빠져나오게만 하면 9개의 점을 한 번에 이을 수 있습니다. '빠져나오다'라는 의미가 담긴 '상자 밖에서 생각하라Think Out Of The Box'라는 표현은 이 퍼즐에서 나왔다고 합니다. 상자 밖에서 생각하기 위해서는 성별이나 국적 같은 다른 문화 환경이 중요합니다. 우리가 자주 사용하는 다양성이란 말이 바로 그것입니다.

에이서는 해외 지점의 책임자 자리에 해당 국가와는 다른 관점을 가진 제삼국인을 앉히는 규칙이 있습니다. 미국 시장 책임자는 호주인, 호주 시장 책임자는 싱가포르인, 중국 시장 책임자는 영국인, 일본 시장 책임자는 중국인이라는 식입니다. 다음에 소개하는 글 3가지는 나라에 따라 전혀 다른 관점을 갖고 있다는 것을 보여주는 재미있는 이야기입니다.

① 별난 것을 좋아하는 어느 대부호가 말했다.

"만약 파란 기린을 나에게 데리고 온다면 어마어마한 상금을 주겠다."

이를 들은 각국의 사람들은 다르게 행동했다. 영국인은 그런 생물이 정말로 존재하는지 철저히 조사했다. 독일인은 그런 생물이 정말로 존재하는지 도서관에 가서 문헌을 조사했다. 미국인은 군대를 파병하여 전 세계를 샅샅이 뒤졌다. 일본인은 밤낮을 가리지 않고 품종 개량 연구를 거듭하여 파란 기린을 만들어 냈다. 중국인은 파란 색깔의 페인트를 사러 갔다.

② Q : 왜 일본 기업의 사무실에서는 조용해야 하는가?

　A : 모두 일에 집중하고 몰두하고 있으니까.

　Q : 왜 이탈리아 사무실에서는 조용해야 하는가?

　A : 모두 자고 있으니까.

③ 어느 날 일본인과 중국인이 주먹다짐을 벌이고 있었다. 곧이어 경찰이 수습에 나섰다. 중국인이 이렇게 말했다.

"아무튼 너무 터무니없어요. 저 건방진 일본인이 나를 되받아친 게 싸움의 발단이었어요."

①은 각 나라의 특징을 유쾌하게 풀어낸 이야기입니다. 게다가 다른 나라의 발상은 일본인이라면 떠올리기 힘든 것이기에 더 흥미롭습니다.

②에서 일본인은 근면하게 일을 열심히 하는 반면, 이탈리아인은 비교적 여유롭게 점심을 먹고 낮잠을 자는 이미지로 표현되었습니다.

③은 자신에게 불리한 일을 말도 안 되는 논리를 펼치며 정당화하려는 중국인들의 특징을 조금 과장되게 표현한 이야기입니다.

이런 이야기들은 각국의 국민성을 극단적으로 표현하고 있지만 같은 상황에 놓였을 때 나라마다 이렇게 다르게 행동할 수 있다는 사실을 알려줍니다. 우리가 크리에이티브 사고를 개발하면서 알아야 할 점은 여기서 말하는 다양성을 배우자는 것입니다.

다양성에 대한 이해와 적극적인 수용은 크리에이티브 사고의 근간입니다. 이런 태도 없이는 새로운 발상이 존재하지 않는다는 자세로 더 폭넓게 접근해야 할 것입니다.

다른 관점에서 말해보겠습니다. 무지개 색깔에 대해 나라마다 대답이 다르다는 사실을 알고 있습니까? 같은 무지개를 보는데도 나라에 따라 다르게 보인다는 점은 무척 매력적인 이야기입니다.

일본인은 빨강, 주황, 노랑, 초록, 파랑, 남색, 보라색의 7가지 색으로 배워온 사람들이 많을 것입니다. 그런데 미국이나 캐나다는 7가지 색이라고 말하는 사람도 있고, 6가지라고 말하는 사람도 있습니다. 그런가 하면 중국에서는 5가지, 러시아는 4가지, 대만의 일부 지역에서는 3가지, 그리고 아프리카의 일부 지역에서는 2가지 색깔이라고 말한다고 하기도 합니다.

이는 나라마다, 사람마다 관점의 차이가 있다는 사실을 보여줍니다. 이것을 이해해야 다양성에 대한 이해도 가능해지고, 그러한 바탕 위에서 크리에이티브 사고도 생기게 됩니다.

이렇게 생겨난 크리에이티브 사고는 포용성에서 비롯합니다. 남의 생각을 너그럽게 감싸주거나 받아들이지 않으면 자기만의 틀 속에 갇혀버리게 되기 때문에 크리에이티브는 물 건너가게 됩니다.

타인과의 차이를 받아들인다는 것

모두 비슷한 수준의 대학을 나와 비슷한 관점을 가진 사람들이 모인 팀 안에서 논의를 거듭하는 그룹이 있습니다. 반면에 앞서 소개한 재미있는 이야기나 무지개 색깔처럼 전혀 예상치 못했던 관점을 가진 사람들이 모인 그룹이 있습니다. 누가 더 변화에 강할까요?

절대 해독할 수 없다고 여겼던 나치의 암호 해독에 성공한 팀은 엉뚱하게도 언어학, 컴퓨터, 통계학에 더해 십자말풀이 애호가까지 포함된 동아리 수준의 외부인들이었다고 합니다.

이러한 다양성이 여러 관점으로 이어져서 서로 자극하며 새로운 발상을 떠올린 것이 비결이 아닐까 싶습니다. 이때 필요한 것이 바로 '관용'입니다. 관용이란 자신과는 다른 타인과의 차이를 자연스럽게 인정하면 그 차이에 대해서 너그러운 마음을 가지는 것을 말합니다.

일본인들은 어떨까요? 세계 139개국을 대상으로 인종, 소수민족, 동성애자에 대한 관용성을 평가한 조사에서 일본은 현저히 낮은 순위인 39위에 머물렀습니다. 1위는 세계에서 가장 먼저 다문화주의 정책을 펼친 캐나다였습니다. 오늘날 일본인들은 경제대국이라는 자부심이 대단하지만 다양성을 받아들이는 부분에서는 매우 뒤처져 있다는 반증입니다.

그렇다는 것은 일본인들이 여전히 자기들만의 틀 속에서 자기들만의 생활을 고집하며 살고 있다는 의미입니다. 만약 일본에서 관용성이 향상된다면 어떤 일이 일어날까요?

한 가지만은 확실히 말할 수 있습니다. 다른 것들을 수용하면서 지금까지는 몰랐던 우리 자신의 모습을 알게 되어 크리에이티브적으로 사고할 수 있게 된다는 점입니다. 바로 이것이 우리의 의식 수준을 높여서 더 개방적이고 더 미래지향적인 세계시민으로 만들어 줄 것입니다.

12

자기 브랜딩에 자부심을 가져라

자기 자랑으로 여기기에는 너무 아까운

자기 브랜딩이라는 말을 아십니까? 이 말은 자신을 하나의 상품처럼 고급스러운 이미지를 담아서 주변에 알리는 일을 말합니다. 당신이 열성적으로 자기 브랜드를 창출해 내면 주위 사람들이 당신에 대해 이해도가 높아지고 당신과 어떻게 관계하면 좋을지 판단하기가 쉬워집니다.

그러나 어떤 사람들은 자기 브랜딩 자체를 바람직하지 않다고 생각하는 경우가 있습니다. 그것이 어딘가 모르게 자신을 과대포장하는 일로 여겨지고, 심지어 거짓으로 자신을 꾸미는 일로 생각되기 때문입니다.

하지만 나를 어떻게 다른 사람들에게 보여줄지, 그리고 내가 가진 능력과 기술을 어떻게 어필할지, 나의 개성을 어떻게 표현할지에 대해 궁리하는 일은 살면서 꼭 필요한 일입니다.

만약 이런 일에 능숙하지 못하게 되면, 예를 들어 어느 기업에 거래 관계로 회사 소개서를 보내게 되었을 때 이것이 기대에 못 미친다면 거래는커녕 단번에 외면을 받게 될 것입니다. 이는 개인과 개인 사이에도 마찬가지입니다.

미국의 대표적인 컴퓨터 소프트웨어 기업인 어도비 시스템즈Adobe-sys-inc가 미국, 영국, 독일, 프랑스, 일본의 만 18세 이상 성인 5,000명을 대상으로 '크리에이티브에 관한 세계인의 의식 조사'를 진행했습니다.

이 조사에 따르면, 응답자의 80%가 크리에이티브가 경제성장에 매우 중요한 요소가 된다고 답했습니다. 여기까지는 크리에이티브에 대해 이해가 높다는 것으로 판단이 되지만, 이러한 사고방식은 단순히 알고 있는 것만으로는 전부가 아닙니다.

또한 아무리 개인이 크리에이티브 사고를 중요하다고 여겨도 혼자서는 아무것도 이룰 수가 없습니다. 예를 들어 나는 무엇을 하려고 하는지, 어떤 기술을 가지고 있으며 어떤 협력자가 필요한지에 대한 내용은 타인이 나에게 관심을 갖도록 스스로를 판매하는 상황이 전제가 되어야 합니다.

만약 이런 활동을 자기 자랑이라고 생각하거나 얼굴에 철판을 깐 사람이나 가능한 일이라고 치부한다면 당신은 크리에이티브는커녕 세상 속에서 자신을 보여주는 일조차 힘들어질 것입니다.

자기 브랜딩은 자기 자랑도 아니고 남에게 거짓말을 하는 것도 아닙니다. 예를 들어 어느 회사에 취직하기 위해 자기소개서를 보낼 때도 자신의 능력을 최대한 보여줘야 합니다.

이러한 자기표현에서 자신의 나쁜 면이나 부족한 부분을 여과 없이 드러낼 수는 없습니다. 나의 강점, 내가 가진 포부와 지향점, 이 회사와 내가 어떤 부분에서 부합되는 목표를 가지고 있는지 등을 가장 잘 표현하는 것이 바로 자기 브랜딩이라고 할 수 있습니다.

나를 홍보할 사람은 나밖에 없다

그래미상을 받은 바이올리니스트 조슈아 벨 Joshua Bell 은 재미있는 실험을 했습니다. 공연 티켓이 수백만 달러나 하는 거대한 공연장에서 연주를 끝마친 어느 추운 겨울날, 퇴근길의 직장인으로 가득 찬 지하철역에서 평상복을 입고 야구 모자를 뒤집어쓴 뒤, 클래식 명곡을 엄선하여 평소처럼 연주를 했습니다.

그가 연주를 하는 동안에 1,000명이 넘는 인파가 그를 몰라보고 그냥 지나쳤습니다. 그가 세계적인 바이올리니스트라는 사실을 눈치챈 사람은 단 한 명뿐이었고, 43분 동안의 연주로 모은 돈은 고작 32달러 17센트에 불과했습니다.

이 실험은 '내가 바로 세계에서 가장 칭송받는 바이올리니스트 조슈아 벨이야!'라고 표명하는 일의 중요성을 말해줍니다. 그렇게 자기 스스로 말하지 않으면 아무도 알아주지 않는다는 것을 알아야 합니다.

잘 모르는 사람과 업무 회의를 하게 되었을 때도 마찬가지입니다. '내가 왜 이 회의에 참석했는가?' 하는 내용을 간단하게라도 괜찮으니 참석자에게 명확히 전달해 봅시다.

나는 어느 자리에서 회의를 하건 반드시 이렇게 말합니다.
"저는 일본 마이크로소프트의 세토라고 합니다. 마케팅부 소속으로, 이번 프로젝트의 아시아 판매 전략을 담당하고 있습니다. 전에는 소셜 앱 프로젝트에서 아시아 시장을 담당했습니다."
요컨대 나는 '내가 아시아에 대해서는 이 회사 안에서 제일 잘 알고 있으니 이 건에 대해서는 나랑 이야기하면 돼!'라는 취지의 이야기를 한 것이었습니다.

결국 당신이 스스로를 제대로 설명하지 않으면 그 누구도 당신을 알아주지 않고, 협력해 주지도 않습니다. 내가 무엇을 하는 누구이고, 어떤 분야에 전문성을 갖추고 있다고 자신 있게 말해줘야 합니다.

조슈아 벨의 실험과 같은 인생을 보내고 싶지 않다면 자기 브랜딩은 필수입니다. 결론적으로 사기 브랜딩이란 '나는 무엇으로 유명한 사람인가?' 하는 것을 주위 사람들에게 적극적으로 알리는 일입니다.

결국 나를 가장 적극적으로 홍보해 줄 사람은 나 자신입니다. 내가 머뭇거리고 입을 닫고 있으면 사람들은 당신을 자기 사업에 도움이 될지 알 수 없는 미지의 인물로 치부할 것입니다.

그렇다고 언제 어디서나 자기 자랑을 하고 다니라는 이야기가 아닙니다. 남의 자랑을 듣고 싶어 하는 사람은 아무도 없습니다. 우선 다른 사람에게 도움이 될 법한 나의 실적을 주위에 알려보세요. 평소에 접점이 없던 사람과 대화를 나누게 되면 크리에이티브 사고의 전원 버튼이 눌리게 될 것입니다.

13

타성에
빠지지 마라

마이크로소프트에서 배운 리듬의 개념

습관이란 스스로 어떤 행위를 되풀이하는 과정에서 굳어진 행
동 양식을 말합니다. 그런 의미에서 지금 당신의 상태는 습관
의 집대성이라고 할 수 있습니다.

　크리에이티브 사고는 어느 날 갑자기 툭 튀어나오는 게 아
니라 안정된 습관에서 생겨납니다. 크리에이티브적으로 사고
하는 사람들은 수면, 식사, 운동, 일의 리듬을 지킵니다. 수면
시간이나 운동 시간을 줄여가며 일을 하거나 먹지 않아도 되
는 음식을 먹는 등의 일을 피하기 위해서입니다.

습관은 리듬이기에, 리듬이 없는 생활은 크리에이티브 사고를 방해합니다. 이 책에서 말하는 리듬의 의미는 일본 마이크로소프트에서 일할 때 배운 '비즈니스에서의 리듬Rhythm of the Business'에서 비롯된 것입니다.

예를 들어 영업 실적 향상을 위한 회의, 기술적 문제를 분류하기 위한 회의, 고객이 느끼는 문제를 찾기 위한 회의, 생산 계획 분석을 위한 회의 등 생각나는 대로 회의를 진행하다 보면 쓸데없이 에너지만 소모하게 되어 오래 지속하기가 어렵습니다.

혼자라면 모르겠지만 담당자가 여러 명 있는 경우라면 더 힘이 듭니다. 저마다의 생각과 방식대로 일하기 때문입니다. 리듬은 바로 이럴 때 활약을 합니다.

실적 향상을 위한 회의의 진행 방법은 정해진 날과 시간에 담당자들이 모여 정해진 의제로 논의하는 것입니다. 매주 화요일 오후 5~6시는 영업 현황 보고, 수요일 오전 10~11시는 생산 계획 회의와 같이 일정에 따라 생각의 스위치를 껐다 켰다 할 수 있는 리듬을 만드는 것입니다.

이번에는 개인이 실천할 수 있는 리듬에 대해 말해보겠습니다. 내 친구이자 업무 파트너인 인도인 남성은 오후 4시부터 저녁 9시까지는 불통 상태가 됩니다. 그 시간에는 가족이나 일과는 전혀 관계없는 사람과 저녁식사를 즐기거나 편안한 음악을 듣거나 봉사활동을 하기 때문입니다.

그러고는 집에 돌아가 두 자녀를 재우고 이튿날 다시 일에 복귀하는 것이 그의 리듬입니다. 그는 무척 바쁘지만 언제나 활기차고, 매사에 여유가 넘칩니다. 일하는 시간을 정확히 정해놓고 그 시간 안에 일을 끝마칠 수 있도록 최선을 다하기 때문입니다.

우리들은 어떤 모습일까요? 15분 동안 일하다가 회의 참가하기, 10분 동안 일하다가 독촉 메일에 답장하기, 거래처에 확인 메일 보내기, 답변이 없으면 다시 독촉 메일 보내기, 독촉 메일에도 답변이 없으면 전화하기, 상대방이 전화를 받지 않으면 다른 용무 보기, 그리고는 15분 뒤에 전화가 와서 대응하기…….

이런 식으로 이도 저도 아니게 쪼개진 시간을 보내고 있으니 당연히 이도 저도 아닌 허접한 생활을 반복하는 시곗바늘 같은 인생이 됩니다. 정해진 코스를 왕복하는 시곗바늘에게 크리에이티브한 사고를 기대하기 어려운 것처럼 그에게 뭔가 새로운 아이디어를 기대할 수는 없을 것입니다.

오래 전에 월스트리트저널The Wall Street Journal은 '집중력의 분산'에 대한 기사를 내보낸 적이 있습니다. 월스트리트의 기사는 '지적 노동자는 평균 3분마다 작업 내용이 바뀐다. 다시 업무로 돌아가기 위해 필요한 시간은 30분이나 된다'고 지적했습니다.

이렇게 일하다가는 정작 실질적인 업무는 하루에 1시간도 채 되지 않는다는 것입니다. 그러면서도 본인은 오늘 하루가 무척 바빴다고 말합니다.

인간의 정보 처리 능력에는 한계가 있습니다. 인간은 1초 동안 약 200만 비트의 정보를 오감을 통해 받아들이지만, 그중에서 0.0067%에 해당하는 134비트의 정보만 처리할 수 있다고 합니다.

이 말은 1초 동안 받아들이는 정보 중에서 채 1%의 정보도 처리하지 못한다는 이야기가 됩니다. 비트bit는 컴퓨터 용어로 정보량을 나타내는 단위입니다. 이것을 글자로 환산하면 우리는 1초에 125,000자를 받아들이고 있지만, 약 8글자만이 처리된다는 것입니다.

그러니 자신에게 맞는 리듬, 불편함이 없는 생활 상태를 만들어 놓아야 불필요한 정보 처리를 피할 수 있을 것입니다. 그리고 여기에 새로운 정보를 처리할 수 있는 능력을 준비해 놓을 수가 있습니다.

"어? 오늘 하루 종일 내가 대체 뭘 한 거지?"

이렇게 후회해 본 적이 있나요? 리듬은 이런 날이 없도록 인간의 에너지를 정리하고, 유혹에 지지 않도록 하기 위한 교정 깁스와 같은 것입니다.

리듬 없이 의식의 흐름대로 살면 안 됩니다. 자기만의 리듬이 없다면 생활에 흠집을 내려는 온갖 종류의 유혹들을 이겨내지 못하기 때문입니다.

아무리 뛰어난 사람이라도 예외가 되지 않습니다. 크리에이티브적으로 사고하기 위한 승부의 갈림길은 타성에 젖지 않은 질 높은 시간을 매일 얼마나 확보해서 행동하고 있는가에 있습니다.

크리에이티브적인 사람들의 리듬

다음 그림은 세계적으로 유명한 크리에이티브적인 인물 26명의 일정을 정리한 표입니다. 이들이 어떤 리듬으로 높은 삶의 질을 추구하며 행동하고 있는지 알아봅시다.

그림 9 크리에이티브적인 26인의 생활 리듬

□ 수면　▨ 크리에이티브 사고를 이용하는 일
■ 사무/잡일　▨ 식사/여가　■ 운동　■ 기타

am 12 1 2 3 4 5 6 7 8 9 10 11 pm 12 1 2 3 4 5 6 7 8 9 10 11 12

오노레 드 발자크(프랑스 소설가)
존 밀턴(영국 시인)
무라카미 하루키(일본 작가)
볼테르(프랑스 철학가)
벤자민 프랭클린(미국 정치인)
임마누엘 칸트(독일 철학자)
커트 보니것(미국 소설가)
마야 안젤루(미국 작가)
위스턴 휴 오든(영국 출신 시인)
루트비히 판 베토벤(독일 작곡가)
플래너리 오코너(미국 작가)
르 코르뷔지에(프랑스 건축가)
빅토르 위고(프랑스 소설가)
볼프강 아마데우스 모차르트(오스트리아 작곡가)
찰스 다윈(영국 자연과학자)
찰스 디킨스(영국 소설가)
지그문트 프로이트(오스트리아 정신분석학자)
블라디미르 나보코프(러시아 작가)
킹슬리 에이미스(영국 소설가)
토마스 만(독일 소설가)
리하르트 슈트라우스(독일 작곡가)
표트르 일리치 차이콥스키(러시아 작곡가)
프란츠 카프카(체코 출신 작가)
귀스타브 플로베르(프랑스 소설가)
파블로 피카소(스페인 화가)
윌리엄 스타이런(미국 소설가)

이 표에서는 다음 3가지를 알 수 있습니다. 우선 크리에이티브적으로 사고하는 사람은 아침시간을 크리에이티브 활동에 할애하는 경우가 많습니다. 지금까지 만난 성공자들은 태생이 어느 나라건 상관없이 모두 아침 일찍 일어나 활동하는 아침형 인간들이 많았습니다.

두 번째는 크리에이티브 사고를 하기 전에 일정한 의식을 치른다는 것입니다. 여기서 의식이란 명상, 운동, 커피 내리기 등등 사람마다 다르지만 이러한 의식을 치른 후 자연스럽게 자신만의 리듬인 다음 행동을 하게 됩니다.

크리에이티브 사고를 할 때만이 아니라 일을 잘하는 사람들은 사고를 전환할 때마다 의식을 치릅니다. 일본 마이크로소프트에서 굉장히 유능했던 한 동료는 매번 정해진 의식을 치렀습니다.

예를 들어 해외 출장을 갈 때는 일본에서 생활했던 자신과 잠시 이별하기 위해 나리타공항에서 반드시 초밥을 먹었습니다. 대규모 강연회에서 강연을 하기 전에는 무대 뒤에서 초콜릿을 단숨에 먹어치웁니다.

의식 치르기→ 행동하기→ 좋은 결과 얻기, 만족하기라는 경험이 쌓일수록 의식에 의미가 더해집니다. 의식을 치르는 장소나 시간이 명확할수록 의미도 강해집니다.

일본의 럭비 국가대표 선수인 고로마루 아유무五郎丸歩나 메이저리그에서 뛰는 야구 선수 스즈키 이치로鈴木一朗가 말하는 일상에서의 루틴도 일정한 행동 의식 중 하나라고 할 수 있습니다. 그밖에도 유명한 스포츠 선수들은 승리를 위해 나름의 생활 리듬을 지키며 특별 의식을 치르고 있습니다.

이렇게 크리에이티브 사고를 이용하는 사람은 질 높은 일을 하기 전에 치르는 의식의 중요성을 이해하고 있습니다. 게다가 의식을 만드는 일은 그리 어렵지도 않습니다. 하고 싶은 방식대로 같은 행동을 반복하면 됩니다. 반복하다 보면 자연스레 당신만의 의식이 만들어질 것입니다.

그러나 명심할 것은 단순히 의식만 치러서는 안 된다는 것입니다. 마음을 단단히 다지기 위해 몇 번이고 자신이 바라는 목표를 새기고, 그것을 이루겠다는 긍정적인 마인드를 심어야 합니다.

참고로 나는 중요한 회의가 있는 날에는 초록색 셔츠를 입습니다. 초록색 셔츠를 입으면 머릿속이 맑아지는 기분이 들기 때문인데 그러면 회의 안건에 대해서도 집중할 수 있게 됩니다.

왜 초록색일까요? 사실 처음에는 우연에 지나지 않았습니다. 어느 날 동료가 '세토 씨는 중요한 날에는 초록색만 입네요?'라고 말하면서 알게 되었습니다. 그러고 보니 언제나 까다로운 회의가 있는 날에는 무의식적으로 초록색 셔츠를 꺼내 입고 있었습니다.

아마 긴장했을 때 초록색이 나를 진정시켜 주는 효과가 있었나 봅니다. 동료에게 그 말을 들은 이후로는 일부러 초록색을 골라 입곤 합니다. 이것도 역시 내가 고수하는 의식의 하나라고 할 수 있을 것입니다.

이러한 의식이랄까, 습관을 하나 둘쯤 가지고 있어도 좋다고 생각합니다. 스포츠 선수들이 중요한 시합 때마다 지키는 자기만의 습관이 있다는데, 그렇게 자신이 루틴을 만들어 놓으면 심리적 안정을 이루는 데 도움이 된다고 합니다.

일을 잘하는 사람은 제자리에 앉아 있지 않는다

나는 오래전부터 같은 장소에서 일하지 않는다는 원칙을 지키고 있습니다. 일본 마이크로소프트에서도 자기 자리에서 일하는 사람은 40%, 그렇지 않은 사람이 60%나 됐을 정도로 자기의 원래 자리를 벗어나 다른 곳에서 일하는 사람이 더 많았습니다.

특히 영업이나 마케팅 담당자는 자기 자리가 아닌 곳에서 일하는 비율이 100%에 가까웠습니다. 애초부터 고정된 자리가 없는데다가 컴퓨터만 있다면 어디서든 일할 수 있었기 때문입니다.

지금은 인터넷만 있으면 세계 어디서든 일힐 수 있는 식종이 많습니다. 게다가 사무실이라는 공간에 있는 시간이 하루에 8시간이라고 해도 '사무실에 있다=일하고 있다'는 등식이 성립하는 것도 아닙니다. 사무실에 있어도 일하지 않는 사람이 있는 반면에 사무실에 없어도 일을 잘하는 사람이 있기 때문입니다.

아무리 시대가 바뀌었다고 해도 회사에 따라서는 휴게시간 외의 시간에는 자기 자리에 앉아 일하도록 정해진 곳이 많을 텐데, 그런 회사에서 일하는 분들에게 추천할 수 있는 간단한 방법이 있습니다.

우선 점심시간이 되면 일단 회사 건물 밖으로 나갑니다. 매일 외식을 하려면 경제적으로 부담이 될 수도 있으니 도시락이나 빵집에서 산 샌드위치를 먹을 만한 공원이나 조용한 곳의 벤치 등을 몇 군데 찾아놓습니다.

또 한 가지는 출근길이나 퇴근길에 종종 다른 길이나 역, 다른 경로를 이용해 다녀보는 것입니다. 조금 멀리 돌아가더라도 효과가 큽니다. 가능하다면 도보나 자전거로 통근해 보는 것도 좋습니다. 아이디어는 업무 시간 외에도 문득 떠오르는 것이니 이런 시간을 아주 효율적으로 사용할 수 있을 것입니다.

책상 앞에 앉아 있거나 서류를 쳐다보고 있지 않아도 식사를 하거나 걸을 때, 전철에 몸을 맡기고 있을 때도 머리는 항상 활동하고 있습니다. 가능한 범위 내에서 환경을 조금만 바꿔보는 것이 좋겠습니다. 이때 스마트폰은 당연히 가방에 넣어 주의가 산만해지지 않도록 해야 합니다.

현재는 건강과 관련한 테크놀로지 업계에서 일하고 있어서 호주인 동료와 '오래 앉아 업무하는 일'에 대해 이야기를 나눈 적이 있습니다. 장시간 앉아서 일하면 하반신 근육이 경직되어 잘 움직이지 않게 됩니다. 그러면 점점 혈액 순환이 되지 않아 대사 기능도 저하됩니다.

내가 이런 이야기를 꺼내자, 그는 호주는 국가 차원에서 대

책을 마련하고 있다고 말했습니다. 호주의 조사에 따르면, 하루에 11시간 이상 앉아 있는 사람은 4시간 미만으로 앉아 있는 사람에 비해 사망 위험이 높은 것으로 알려졌습니다. 게다가 장시간 앉아 있으면 혈액 순환과 대사에 이변을 일으켜 당뇨병에 걸릴 위험이 91%나 증가한다고 합니다.

호주 이외의 나라에서도 수면 시간보다 앉아 있는 시간이 긴 생활을 경고합니다. 미국 페닝턴 생물의학연구센터가 12년에 걸쳐 실시한 조사 결과는 매우 흥미롭습니다.

만 18세에서 90세까지의 남녀 17,000명을 대상으로 조사한 결과 운동 시간, 연령, 체중과 상관없이 앉아 있는 시간이 긴 사람은 그렇지 않은 사람보다 수명이 현저히 짧다는 것입니다.

이 결과를 일본인에게 적용하면 사태가 매우 심각합니다. 일본의 직장인들은 자기 자리에 죽치고 앉아서 업무에 집중하는 것을 최고로 바람직한 자세로 여기는데, 이렇게 오래 앉아 있는 일은 크리에이티브 사고 이전에 건강을 해치는 일임을 잊어서는 안 됩니다.

그런 이유 때문이라도 같은 장소가 아니라 항상 움직이면서 일을 하는 데에는 분명히 장점이 많습니다. 지금 회사 간부들이 이 책을 읽고 있다면 꼭 검토해 보시기 바랍니다. 건강해지면서 크리에이티브 사고도 기를 수 있는 일이니 마다할 이유가 없습니다.

무라카미 하루키는 리듬의 달인

리듬이라는 말은 자유로운 이미지가 강한 크리에이티브 사고와는 상반되는 느낌을 줄 수 있지만, 사실은 바람직한 리듬과 크리에이티브 사고는 밀접한 관계에 있습니다.

잘못된 리듬을 만들게 되면 무의식중에 나쁜 습관을 하게 되고 나중에 후회할 만한 행동을 무의식중에 반복하게 되며 결국 악습관으로 굳어지면 크리에이티브 사고를 방해하는 요소가 됩니다.

예를 들어 퇴근길에 편의점에 들러서 필요도 없는 물건을 사듯이, 아무런 목적 없이 남의 SNS를 기웃거리면서 일희일비하거나 집중할 수 있는 시간에 쓸데없는 단순 작업을 하고 집중이 안 될 때 머리를 쓰는 일을 합니다.

이런 일이 몇 번이고 반복되고 있다는 것은 분명히 잘못된 리듬을 만들었다는 증거입니다. 일본의 한 의학자는 대부분의 직장인들이 이런 악습에 빠져서 최악의 생활습관병을 만들고 있다고 진단합니다.

올바른 리듬은 어떻게 찾아야 할까요? 대답은, 역시 시행착오를 겪을 수밖에 없다는 것입니다. 초반에는 '이것은 어떨까?' 하고 시도해 봐야 합니다.

매일 규칙적으로 같은 일을 하는 것이 쉽지 않을지 모르지만 인간은 누구나 자기 몸이 하는 말을 들을 준비가 되어 있습니다. 언제 무엇을 하는 게 가장 좋을지는 자기 자신만이 알고 있습니다. 처음에는 간단하게라도 좋으니 수첩에 오늘은 몇 시부터 몇 시까지 무엇을 했고, 어떤 상태였는지, 또 좋았던 일과 나빴던 일은 무엇이었는지 적어보기를 바랍니다.

이렇게 좋은 습관을 반복하다 보면 자신만의 패턴을 만들게 될 것입니다. 좋은 리듬이 생기면 '이 시간에는 이걸 해야지'라고 굳이 생각하지 않아도 몸이 먼저 반응하게 됩니다. 그리고 머릿속에 여유가 생겨 평소보다 더 깊이 생각에 잠길 수 있게 됩니다.

작가 무라카미 하루키 씨도 평범한 리듬 속에서 훌륭한 작품을 만들어 내는 것으로 유명합니다. 그는 새벽 4시에 일어나서

6시간 내외를 쉬지 않고 일합니다. 오후에는 달리기나 수영을 하고, 다음엔 음악을 들으며 책을 읽는다고 합니다. 그리고 저녁 9시에는 어김없이 잠자리에 듭니다. 이에 대해 무라카미 씨는 이렇게 말합니다.

"나는 이런 습관을 매일 별다른 변화를 주지 않고 반복한다. 그러다 보면 반복 자체가 중요한 것이 된다. 반복은 일종의 최면으로, 반복 과정에서 나는 최면에 걸린 듯 더 깊은 정신 상태에 이른다."

무라카미 씨와 같은 상태까지 도달할 수 있다면, 당신의 리듬은 이미 완벽한 상태라고 해도 과언이 아닙니다. 그렇게 되면 같은 것을 보더라도 다른 사람보다 더욱 값어치 있는 시간을 보낼 수 있게 될 것입니다.

크리에이티브적으로 사고하는 사람들은 자신의 생활 리듬을 이용하여 더 좋은 시간을 만들어 냅니다. 당신도 그런 생활 리듬 속에서 최고의 삶을 창출하는 사람이 되기를 바랍니다.

14

운동과 일을
따로 생각하지 마라

피트니스도 업무 능력의 하나다

운동이 건강에 좋다는 것은 모두 알고 있는 사실입니다. 그런데 실상은 '일 끝나고 시간 나면 헬스장 가서 운동해야지'라고 생각하는 정도로, 그렇게 마음을 먹었어도 결국 헬스장에 가지 않는 사람이 대부분입니다.

운동은 건강에 좋을 뿐만 아니라 생각하는 힘도 길러줍니다. 일주일에 두세 번 정도 운동하면 기억력을 강화하고 크리에이티브 사고를 자극할 수 있습니다. 미국의 기업들은 피트니스를 업무상 필요한 종합 능력 중 하나인 '건강관리 능력'으로 여기고 이 능력을 장려합니다.

반면에 일본에서는 피트니스 활동은 업무와 전혀 관련이 없고 자기만의 취미와 별반 다르지 않다고 생각합니다. 게다가 피트니스를 다이어트의 일환이라는 좁은 의미로 받아들이는 경향마저 있습니다.

이렇게 미국과 일본의 피트니스에 대한 인식이 다르다는 사실을 내게 알려준 사람은 의료 문제를 피트니스와 연계한 프로그램을 운영하는 일본 피트니스 기업의 대표자 와카미야 유스케 씨였습니다.

업무 차 일본과 미국을 오가는 내 친구는 언제나 이렇게 불평했습니다.

"일본은 운동할 곳(헬스장)이 적어서 체력 관리하기가 너무 어려워."

그에게 체력 관리는 일의 일부이기 때문에 일본 같은 환경이 이해가 가지 않는 것입니다. 나의 지인인 대기업의 고문 변호사는 24시간을 쉬지 않고 일한 탓에 집중력이 떨어지면 헬스장에서 1시간가량 운동을 해서 기분전환을 한 뒤 다시 직장으로 돌아갑니다.

처음에 그의 동료들은 따가운 시선으로 바라보며, 이렇게 빈정대곤 했습니다.

"1시간 동안 헬스장에서 운동할 시간에 일을 했으면 벌써 끝냈겠다."

이것이 일본의 현실입니다. 업무 중에 잠깐 짬을 내어 운동을 하는 편이 무조건 일에 매달리는 것보다 더 좋다는 인식은 적어도 일본에서는 받아들이기 힘든 상황이라는 것입니다.

미국은 국민건강보험 제도가 없습니다. 무보험자가 인구의 16%로 약 5,000만 넝에 날하고, 나머지 약 2억 5,000만 명(인구의 84%)은 개인적으로 의료보험에 가입하고 있습니다. 그렇지만 보험에 들어 있어도 병원에 다니거나 약을 처방받을 때 상상하는 금액보다 훨씬 비싼 값을 내야 합니다.

반면에 일본은 국민건강보험제도를 통해 일정 부분의 자기부담으로 병원을 쉽게 다닐 수 있습니다. 캐나다인인 나의 아내는 감기에 살짝 걸린 것만으로 병원에 가서 약을 처방받아 고치려는 일본인들의 감각을 이해하지 못할 정도입니다.

이런 국가적인 제도 차이도 있지만 미국은 예방을 위한 운동이라는 감각이 뿌리 깊게 자리 잡고 있습니다. 실제로 헬스장에 가서 운동하는 일이 미국인의 습관 중에서 상위에 오를 정도입니다. 그만큼 운동이 일반인들에게 생활화되었다는 이야기입니다.

미국에서는 기업의 인식도 다릅니다. 중소기업 이상 규모의 회사 CEO 2,000명을 대상으로 조사한 결과 88%가 기업 내에 종합적 건강 개념인 '웰니스Wellness'를 토대로 하는 프로그램이 존재한다고 답했으며, 94%는 이러한 활동이 우수한 직원을 만들어 내는 데 매우 유효하다고 답했습니다.

직원들의 건강이 주식시장에서 평가받는 시대

우리가 운동과 건강에 시간을 할애하는 일이 간단하지만은 않습니다. 일본은 세계에서 통근 시간이 많이 걸리고 야근도 다른 나라에 비해 잦기 때문에 세계에서 가장 수면 시간이 짧은 나라로 손꼽힙니다. 그러니 일 이외에 무슨 일이든 하는 시간이 있을 리가 만무합니다.

그런데 최근에 이런 일본에서 새로운 움직임이 일어나기 시작했습니다. 일부 기업에서는 '건강 경영'이라 해서 임직원들의 건강과 복지에 많은 투자를 하고 있고, 이런 경영을 성공적으로 이끌어 가는 기업의 주식이 더 높게 평가받고 있습니다.

기업에서 자발적으로 이런 식의 웰니스를 직원들에게 적극

지원하면 크리에이티브 사고도 향상된다는 조사 결과가 있습니다. 세계 15개국을 대상으로 조사한 결과, 웰니스는 우수 직원의 이직률을 낮추고 직원 결속력과 조직 생산력을 높인다는 사실을 알아냈습니다.

또한 이것은 크리에이티브 사고를 높이는 요소이기도 합니다. 구체적으로 어떤 기준으로 크리에이티브 사고를 측정했는지는 기재되어 있지 않지만 웰니스 제도를 적극 시행하는 조직과 그렇시 않은 소식을 비교한 결과, 적극 시행한 조직이 3.5배나 크리에이티브 사고를 촉진한다고 결론 내렸습니다.

웰니스의 내용은 기업마다 다르지만 대부분은 일상적인 신체 활동 측정하기, 생활 습관 개선하기, 유전자 검사를 통해 신체 조건 파악하기, 헬스장 보조금, 걷기 모임, 운동회, 소프트볼 대회, 약물 끊기, 금연과 금주, 스트레스 관리, 그리고 건강한 생활을 위해 식사, 운동, 수면 등과 관련된 상담 받기 등의 내용을 조합한 활동으로 진행됩니다.

모두 개인적인 활동에 해당하는 일들을 기업에서 뒷받침하는 것이 색다릅니다. 이러한 발상의 이면에서는 직원들의 건강이 곧 회사의 건강과 직결된다는 인식이 있기 때문입니다. 여기서 말하는 건강이란 기업의 미래를 위한 크리에이티브 사고

일 것입니다.

미국 대통령의 트레이닝 지속법

많은 사람들이 처음 운동을 시작할 때는 지속하는 데 어려움을 겪을 것이라고 생각합니다. 따라서 어떻게 하면 계속할지 동기부여를 갖는 것이 관건입니다.

미국의 오바마 전 대통령은 세계의 운명을 좌우하는 결단을 내리는 자리에 있을 때도 일주일 중 무려 6일 동안 운동으로 하루를 시작했다고 합니다. 웨이트 트레이닝과 유산소 운동을 번갈아 가며 45분 동안 운동하고, 거기에 농구나 골프와 같은 운동도 일정에 포함했다고 합니다.

오바마 대통령이 운동을 지속할 수 있었던 이유 중 하나는 '웨어러블 디바이스'로 자신의 신체 활동을 측정, 기록할 수 있었기 때문입니다. 자신이 얼마나 운동했는지를 정확하게 측정하고, 이를 날마다 눈으로 확인하는 것입니다. 이렇게 자신의 운동량과 그로 인한 성과가 가시화되면, 운동을 계속할 수 있는 동기부여가 됩니다.

여기에 더해 웨어러블 디바이스는 자신의 데이터를 SNS를 통해 다른 사람과 공유할 수도 있습니다. 가령, 모르는 사람이라도 공통된 지표를 가지고 경쟁하거나 결과를 공유하면서 누군가와 함께 운동하는 기분을 맛볼 수 있습니다. 이런 점이 곧 동기부여로 이어지게 됩니다.

'질병'이라는 의미의 'Illness'의 첫 글자 'I'를 'WE'로 바꾸면 'Wellness'가 됩니다. 'I(나)'에서 'We(우리)'가 되면 질병 상태에서 신체적, 정신적으로 활기찬 상태를 표현하는 건강 개념인 웰니스가 되는 것입니다.

나도 웨어러블 디바이스를 24시간 몸에 착용한 지 12개월이 지났는데, 그동안 체중을 7kg이나 감량해서 22년 만에 70kg 아래로 체중이 내려갔습니다. 종합적인 건강 상태에 신경을 쓰면 크리에이티브 사고에 도움이 될 거라고 생각했는데, 다이어트까지 성공하다니 두 마리 토끼를 다 잡은 셈입니다.

이제부터 운동을 일의 일부로 생각하기 바랍니다. 그러기 위해서는 회의 시간을 일정에 넣듯이 운동도 일처럼 일정표에 넣어두어야 합니다. 운동을 일과 분리해서 생각하고, 시간이 나면 헬스장에 가야겠다고 생각하면 운동은 영원히 자신의 리듬이 되지 못합니다.

자신의 신체 상태를 파악하고, 그 상태를 유지하고 개선하는 일은 현대인에게 필수입니다. 일을 잘하는 동료들은 모두 운동을 일의 일부로 여기는 사람들이었습니다. 그들을 보면 크리에이티브 사고와 운동은 깊은 관련이 있다는 것을 새삼 느낍니다.

15

밤새워
일하지 마라

잠을 안 자고 일하는 것은 자살 행위

인간의 수면 시간은 사고방식에 커다란 영향을 끼칩니다. 그럼에도 20대의 나는 오랜 시간을 일에 바치기로 스스로 다짐했었고, 그랬기에 수면 시간을 중요하게 생각하지 않았습니다.

담당한 프로젝트가 진행될 때는 밤새워 일하는 날이 끊이지 않았습니다. 그런 때는 자동차 안이나 사무실에서 잠들 때도 많았습니다. 그렇게 고생하며 일한 이야기는 마치 명예 훈장과 같아서 동료가 3시간밖에 못 잤다고 하면 나는 2시간 30분밖에 못 잤다며 의기양양하게 받아치곤 했습니다.

나는 수면을 무시하고 하루에 몇 시간밖에 자지 않는 나 자신을 존경했습니다. '나는 그렇게 오래 자지 않아도 버틸 수 있어!'라고 스스로를 과신했고, 소중한 시간을 빼앗는 수면 시간을 가능한 한 줄이기 위해 노력했습니다. 수면 시간을 줄인 만큼 더 오래 일할 수 있다고 생각했던 것입니다.

하지만 그것은 자살 행위였습니다. 어느 날 성과를 내기 위해 수면 시간을 줄이자는 생각은 틀렸다는 것을 깨달았습니다. 이틀간이나 꼬박 밤을 지새우며 바쁜 나날을 계속하던 어느 오후였습니다.

동료들과 회의를 하는 도중에 동료의 목소리가 순간적으로 들리지 않았고, 내가 무슨 말을 하고 있는지 스스로도 정리가 되지 않았습니다. 또한 10분 정도면 당장 끝낼 일을 1시간이나 들여 작업하고 있었습니다.

"내가 왜 이러지?"

밤을 새우는 데 익숙했던 나는 수면 부족 때문이라는 생각을 하지 못했습니다. 그리고 며칠 동안 더 그렇게 일하다가 어느 날 조금 일찍 일을 끝마치고 졸린 눈을 비비며 자동차로 귀가했습니다.

아파트 주차장에 차를 세우고 나니 참을 수 없는 졸음이 몰려와 그대로 아침까지 잠을 자고 말았습니다. 다음 날, 걱정이 되어 밖으로 나온 어머니가 나를 발견해서 깨워주었지만 회사에도 지각하고 중요한 고객과의 면담에도 늦고 말았습니다.

그때 처음으로 나에게 잠이 모자라다는 사실을 깨달았습니다. 밤을 새우는 일이 멋있다고 생각한 나 자신이 창피했고, 밤 새워 일한다는 것 자체가 스스로를 똑바로 관리하지 못하는 증거라는 사실도 깨달았습니다. 나는 이 일을 계기로 다시는 밤을 새워 일하지 않기로 다짐했습니다.

이처럼 수면을 희생하는 자세는 어쩌면 일본인의 본질일지도 모릅니다. 루스 베니딕트Ruth Benedict의 《국화와 칼chrysanthemum and the sword》에는 다음과 같은 흥미로운 내용이 나옵니다.

"그들은 가차 없이 수면을 희생한다. 시험 준비를 하는 학생은 잠을 자는 것이 시험을 치르는 데 유리하다는 생각을 하지 않고 주야장천 공부를 한다. 과거 일본 군대에서는 수면을 훈련을 위해 당연히 희생해야 하는 것으로 삼고 무려 3박 4일을 꼬박 훈련으로 보냈다고 한다."

누군가는 이러한 습성이 오늘의 일본을 만든 요인이라고 말하지만, 그것은 전혀 사실이 아닙니다. 근면과 수면 시간은 전혀 별개의 일로, 잠을 자지 않으면 생활 리듬만 무너질 뿐입니다.

세계에서 가장 매력적인 기업 1위에 손꼽히는 구글은 직원의 수면을 중요시하며, 수면 시간보다 수면의 질에 주목하고 있는 것으로 유명합니다. 이 또한 건강 경영의 일환이지만, 이런 이야기를 하면, 많은 사람들이 고개를 갸웃거리며 묻곤 합니다.

구글 같은 글로벌 기업은 전 세계에 포진된 직원만 해도 헤아릴 수 없이 많은데, 개인의 수면 시간 같은 소소한 문제까지 신경 쓰는 게 이해가 되지 않는다는 것입니다.

그러나 이러한 시스템이 정착되면 기업은 더 내실 있고 강건한 조직으로 발전할 수 있게 된다는 점에서 오히려 회사에 이익이 된다는 사실을 그들은 잘 알고 있습니다.

수면은 운동처럼 몸을 건강하게 할 뿐 아니라 생각하는 힘도 길러줍니다. 예전에 업계의 선배가 이런 조언을 한 적이 있습니다.

"우리 같은 영업맨들은 머리맡에 항상 종이와 연필을 준비해 놔야 해!"

그때 알겠다고 큰소리로 대답은 했지만 사실 당시에는 이유를 알지 못했습니다. 그러다 시간이 갈수록 그 말의 무게를 절감할 수 있었습니다.

수면은 몸을 쉬게 할 뿐만 아니라 머릿속을 재충전하는 역할을 합니다. 우리가 잠든 사이에 뇌는 방대한 양의 정보를 정리하고 재구축합니다. 그러다 아침에 잠에서 깨면 신경들이 서로 새롭게 연결되어 다양한 관점으로 사고할 수 있게 됩니다.

이렇게 뇌가 움직임을 끝낸 후 아침에 잠에서 깨자마자 어제는 떠올리지 못했던 생각을 머리맡에 둔 종이에 적어두는 것입니다. 하루가 시작되면서 떠올랐던 아이디어가 잡념 속으로 사라지기 전에 말입니다.

후지산의 가이드가 알려준 것

몇 년 전에 후지산을 등반할 때, 산악 가이드가 했던 말이 계속 인상 깊이 남아 있습니다.

"세토 씨, 힘들지 않아도 정기적으로 쉬어야 합니다. 자기 자신을 믿지 마세요."

아직 힘들지 않다는 이유로 휴식의 횟수를 줄이고 무조건 등반을 계속하려는 사람들이 있다고 그는 말했습니다. 정상에 오르려는 욕심에 쉬지 않고 등반을 고집했다가는 중간에 포기할 가능성이 커진다고도 했습니다.

평소에 업무로 인한 극도의 긴장 상태가 계속되면 표면적으로는 문제가 없으니 수면을 소홀히 하게 됩니다. 이렇게 자신의 몸을 과신하면 안 된다는 교훈을 산악 가이드에게 배우게 되었습니다.

식사의 질도 중요하다

수면의 질을 높이기 위해서는 운동과 적절한 식사가 중요합니다. 이제부터는 직장에서 성과를 올리기 위해서도 매우 중요한 식사 이야기를 해볼까 합니다.

대기업들은 직원들의 식사를 무척 중시합니다. 직원들이 성과를 내기 위한 중요한 요소로 믿고 있기 때문입니다. 이 때문에 구글은 본사 부지 내에 여러 채의 일류 레스토랑 건물을 세우고 총 300개 내외의 메뉴를 준비하고 있다고 합니다. 그리고 모든 메뉴는 채소류가 듬뿍 들어 있는 것으로 유명합니다. 여기에 더해서 회사 내의 여러 곳에 설치된 휴게소에서는 언제든지 과일과 견과류, 음료수를 먹을 수 있다고 합니다.

인간의 신체 사이클을 이해하고, 몸에 부담을 주지 않는 식생활을 하면 집중력이 향상되고 크리에이티브적으로 사고할 수 있게 됩니다.

바쁘다는 이유로 매일 편의점에서 인스턴트 음식을 사 먹거나 그마저도 시간이 없다는 핑계로 커피 한 잔으로 식사를 대신하는 사람들이 생각보다 아주 많습니다. 이래서는 안 됩니다. 생각하는 힘을 기르기 위해서는 좋은 음식을 꾸준히, 그리고 많이 먹어야 합니다.

일상생활이 뇌를 만든다

식생활에 대해 깊이 생각하는 습관도 크리에이티브 사고를 길러줍니다. 일과는 직접적 관련이 없어 보이지만 다양하게 사고하면서 자기 스스로를 만들어 가는 과정은 크리에이티브 사고를 높여줍니다.

나이를 먹을수록 '네가 먹는 음식이 너를 만든다'는 말이 가슴에 와 닿습니다. 몸속으로 들어가는 음식은 정말 중요하기 때문입니다. 음식이 혈액을 만들고 유전자를 구성하고, 몸속의 세포를 만든다는 사실을 알면, 아무 음식이나 입에 넣을 수 없다는 사실을 깨닫게 됩니다.

음식을 섭취하면 위에서 소화하고 장에서 영양을 흡수해서 불필요한 물질을 대소변을 통해 배출합니다. 이 세 가지 사이 클인 소화, 흡수, 배출은 각기 정해진 시간에 이루어지는데, 이 시간에 맞춰서 '생명이 있는 음식'을 적절히 섭취하면 좋다고 합니다.

다음 그림 10을 보면 새벽 4시부터 12시까지의 8시간 동안 은 배출의 시간으로, 이때 몸속의 노폐물을 내보냅니다. 이때 는 오로지 배출에 집중하기 위한 시간으로 설정되어 있습니다. 그런데 몸이 필요로 하지 않는데도 뭔가를 마구 먹어버리면 소화하는 데 에너지를 쏟아버려 잠이 오게 됩니다.

그렇지만 아침에 아무것도 먹지 않으면 배가 고프게 됩니다. 그래서 소화하는 데 시간이 덜 걸리는 음식을 섭취하면 에너 지 분산을 최소한으로 막을 수 있습니다.

소화하는 데 걸리는 시간은 과일이 40분, 채소가 약 2시간, 밥이나 빵과 같은 탄수화물은 8시간, 육류는 12~24시간입니 다. 소화 시간이 길수록 위는 지칩니다. 그러니 아침은 되도록 소화가 금방 되는 음식(과일, 채소) 중심으로 먹는 편이 에너지 분산에도 좋고, 일의 효율도 올라갈 것입니다.

12시부터 저녁 8시까지는 소화의 시간입니다. 이때는 자유

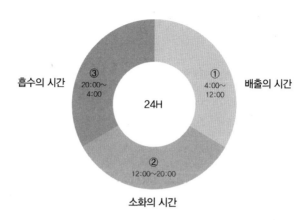

그림 10 24시간 동안의 세 가지 사이클

흡수의 시간

③
20:00~
4:00

24H

①
4:00~
12:00

배출의 시간

②
12:00~20:00

소화의 시간

롭게 먹어도 좋은 시간으로, 반대로 말하면 이 시간 외에는 먹지 않는 편이 좋습니다. 밤 8시부터 다음 날 아침 4시까지는 소장, 대장이 영양을 천천히 흡수합니다.

일상생활의 리듬(습관)이 뇌를 만든다는 이야기가 있습니다. 그래봤자 수면이고 식사라고 얕잡아 보면, 뇌에서 만들어지는 크리에이티브 사고도 잊혀 죽어버리고 맙니다. 수면의 질을 높이기 위한 수면 습관, 세 가지 사이클을 방해하지 않는 식사 습관은 크리에이티브 사고의 기본입니다.

끝
마
치
며

과거의 성공 사례에 집착하지 말자

마음이 자유롭지 않으면 새로운 일을 생각할 수 없습니다. 마음이 자유로워지려면 방해받는 것으로부터 자유로워져야 합니다. 그러려면 과거의 경험과 습관, 기존의 규칙과 법칙 등을 고집하지 말고 자유로워져야 합니다. 실패를 두려워하지 말고 일단 도전해 보는 자세를 가집시다.

조직 안에서 일하다 보면, 변화를 기피하게 됩니다. 자신이 해야 할 일이 무엇인지 알지만, 에너지가 필요한 일은 본체만체하고 맙니다. 하라는 대로만 하면 내일도 평안할 거라고 생각하면서 말입니다.

하지만 항구적인 안정 같은 것은 존재하지 않는 세상을 살아가는 한, 항상 오늘보다는 내일, 내일보다는 모레에 더 좋은 모습으로 변화할 것을 목표로 삼아 나아가지 않으면 안 됩니다.

이런 시대를 살아가면서 크리에이티브 사고를 하지 않는다는 것은 '나는 새로운 것은 전혀 생각하지 않다'고 말하는 것과 같습니다. 새로운 것을 전혀 생각하지 않는 사람은 성장하지 않는 사람, 지금 상태 그대로 멈춰버린 사람을 가리킵니다.

이렇게 경종을 울리는 이유는, 크리에이티브 사고는 본래 인간이 지니고 태어나는 것으로 잘 사용해 보려고 노력만 하면 언제든지 마음껏 사용할 수 있는 힘이기 때문입니다.

그것을 알면서도 자신의 가능성을 외면하고 살아가는 사람이 너무도 많습니다. 만약, 지금 그 힘을 사용하지 못하고 있다면 몇 가지 요소가 당신을 방해하고 있다는 것입니다. 이것을 꼭 알아주셨으면 합니다.

여기까지 책을 읽었다면 이미 알고 계실 테지만, 방해하는 요소를 찾고 없애는 일은 그리 어렵지 않습니다. 하지만 바쁜 일상을 보내는 사이 금방 잊게 된다는 게 문제입니다.

크리에이티브 사고는 눈에 보이지도 않고, 세간의 상식에 밀려 쉽게 잊히기도 합니다. 그래서 스스로 항상 의식하면서 살아야 한다는 점을 깨달아야 합니다. 이를 위한 첫걸음에 본서가 조금이나마 도움이 되었으면 하는 바람입니다.

어느 비즈니스 모델 설계 워크숍에 참가했을 때, 한 기업의 브랜드 경영자가 일본은 새로운 비즈니스 모델을 설계하는 일에 너무 뒤떨어져 있다고 한탄했습니다. 그 이유를 묻자, 그는 이런 대답을 내놓았습니다.

"일본은 과거에 하드웨어로 성공한 전례가 있다 보니, 지금은 하드웨어만으로는 비즈니스 모델이 성립되지 않는다는 걸 머리로는 이해해도 자기도 모르게 과거와 같은 방식을 되풀이하게 됩니다."

그렇습니다. 과거의 성공에 머물러서 새로운 것을 받아들이지 못하면 무한경쟁의 시대에 뒤떨어질 수밖에 없습니다. 그러니 우리들 스스로 이런 경향을 부수고, 크리에이티브 사고를 높이기 위해 힘차게 나아갑시다. 그 한 걸음이 분명 내일의 일을 더 알차게 만들어 줄 것입니다.

작은 한 걸음은 어렵지 않다

'사물인터넷IoT'이라는 말을 만들어 낸 영국인 브랜드 매니저 케빈 애슈턴Kevin Ashton은 몇 가지 조사를 통해 인간은 길을 잃었을 때 대부분 비슷한 행동을 한다는 사실을 알아냈습니다.

무언가 잘못되었다는 느낌을 받았을 때, 먼저 인간은 자신이 잘못된 길을 가고 있다는 생각을 부정합니다. 그리고 곧이어 길을 잃었다는 사실이 확실해져도 '어떻게든 되겠지'라는 긍정적인 생각과 함께 가던 길을 계속 간다고 합니다.

잘못된 것을 안 시점에 돌아가는 것이 가장 안전한 길임에도 그렇게 하는 사람은 거의 없습니다. 틀렸다는 사실을 알면서도 돌진하는 이유는 틀렸다고 인정하는 것이 창피하기 때문입니다. 자존심이 잘못된 길로 등을 떠밀고 있는 것입니다.

과거의 경험과 습관, 기존의 규칙과 법칙 등에 고집하는 일이 얼마나 아쉬운 결과를 초래하는지를 이 조사 결과를 통해 알 수 있습니다.

아마 첫걸음이 제일 번거롭고 귀찮을 것입니다. 조금 지겹고 그리 순탄한 것도 아니지만, 지금까지 했던 방식을 유지하는 일만큼 편한 것은 없기 때문입니다.

하지만 딱 하나라도 좋으니 나의 앞길을 가로막는 방해 요소를 한번 없애봅시다. 그러면 여러분의 머릿속에 새로운 무언가가 싹을 틔울 것입니다. 내가 좋아하는 말 중에 이런 문구가 있습니다.

"Small steps, big impact."

해석하자면 '작은 한 걸음이 곧 크나큰 영향을 끼친다'는 의미입니다. 이 말이 이 책을 읽는 모든 분들에게 첫걸음을 내딛게 해주는 말이 되었으면 합니다.

마지막으로 다시 한 번 15가지 요소를 리스트로 만들어 보았습니다. 방해 요소를 없애 보겠다고 생각한 날짜나 느낀 점 등을 적어보시길 바랍니다.

지금까지 많은 사람을 만나오면서 다양한 영향을 받아온 나의 생각이 이 책을 통해 여러분에게 닿았을까요?

이 책이 여태까지와는 다른 방법을 시도해 보려는 당신의 용기에 힘과 박수를 보태는 응원군이 되기를 희망합니다. 그리고 여러분이 안고 있는 문제를 해결하기 위한 작은 한 걸음을 되도록 빨리 내디딜 수 있기를 기대합니다.

유능한 크리에이터가 되기 위한 15가지

목록	진척도나 느낀 점
○ 타인에게 나의 결단을 맡기지 마라	
○ 직함의 무게를 무시하라	
○ 붐식이면서 몸에 익혀라	
○ 생각해 봤자 소용없는 일은 생각하지 마라	
○ 익숙한 것들과 결별하라	
○ 척척박사병에 걸리지 마라	
○ 항상 입장을 바꿔 생각하라	
○ 여성적인 감각을 배워라	
○ 약점을 극복하려고 애쓰지 마라	
○ 언제 어디서든 근본으로 돌아가라	
○ 상자 밖에서 생각하라	
○ 자기 브랜딩에 자부심을 가져라	
○ 타성에 빠지지 마라	
○ 운동과 일을 따로 생각하지 마라	
○ 밤새워 일하지 마라	

옮긴이 김나정

일본 릿쿄대학에서 국제경영학을 전공하고 이화여자대학교 통역번역
대학원 번역학과에서 석사 학위를 취득했다. 현재는 번역 에이전시 엔
터스코리아 출판 기획 및 일본어 전문 번역가로 활동 중이다. 주요 역서
로는 《어디에도 없는 기발한 캐릭터 작화 가이드 30》, 《문구의 자초지
종》, 《대바늘뜨기가 즐거워지는 원더 니트》가 있다.

크리에이티브 사고를
방해하는 것들

초판 1쇄 인쇄일　2022년 01월 05일
초판 1쇄 발행일　2022년 01월 11일

지은이　세토 카즈노부
옮긴이　김나정
발행인　이지연
주간　이미숙
책임편집　이정원
책임디자인　이경진
　　　　　권지은
책임마케팅　이운섭
경영지원　이지연

발행처　㈜홍익출판미디어그룹
출판등록번호　제 2020-000332 호
출판등록　2020년 12월 07일
주소　서울시 마포구 독막로18길 12, 2층(상수동)
대표전화　02-323-0421
팩스　02-337-0569
메일　editor@hongikbooks.com

제작처　갑우문화사

ISBN　979-11-9142-064-7 (03190)